Natur in Dorf und Flur

Draußen im Blauen Land

Natur in Dorf und Flur

Draußen im Blauen Land

Angelika Schneider

IMPRESSUM

Bibliographische Information der Deutschen Nationalbibliothek: Die Deutsche Nationalbibliothek verzeichnet diese Publikation in der Deutschen Nationalbibliographie; detaillierte bibliographische Daten sind im Internet über dnb.dnb.de abrufbar.

Die automatisierte Analyse des Werkes, um daraus Informationen insbesondere über Muster, Trends und Korrelationen gemäß §44b UrhG („Text und Data Mining") zu gewinnen, ist untersagt.

© 2024 Dr. (Univ. Florenz) Angelika Schneider

Verlag: BoD · Books on Demand GmbH, In de Tarpen 42, 22848 Norderstedt

Druck: Libri Plureos GmbH, Friedensallee 273, 22763 Hamburg

ISBN: 978-3-7693-0982-9

Inhalt

Eigentlich bin ich ein Stadtkind aus Sterzing in Südtirol. Doch der Hang nach draußen hat mich schon als Jugendliche auf den Ortler, den höchsten Berg im Land geführt, auch auf den höchsten Berg der Alpen, den Mont Blanc. Zum Studium der Forstwissenschaften ging ich in die Stadt der Renaissance, nach Florenz. Dort lernte ich auch Landschaft verstehen und schätzen. Es folgte mein Buch über die Landschaft der Toskana und die Kräfte, die sie schufen.[1]

Als ich vor 20 Jahren mit meinem Mann Wolf Schröder, einem Wildbiologen, in das Dorf Riegsee am gleichnamigen See zog, erkundeten wir das Blaue Land rundum, zu Fuß und mit dem Rad. Die Ideen für dieses Büchlein stammen daher. Es war Franz Marc, der diese Gegend hier im Bayerischen Alpernvorland das „Blaue Land" nannte, wegen ihres besonderen Lichts.

An Anregungen mangelte es nicht: die Fichte, die uns das Klangholz für den Geigenbau schenkt und jetzt unter dem Klimawandel leidet. Die Wiese, erst in jüngerer Zeit aus den allgegenwärtigen Weiden hervorgegangen. Die Schwarzerle, die uns durch einen kuriosen Übersetzungsfehler eines der eindrucksvollsten Gedichte gestiftet hat, den Erlkönig Goethes. Die oft geschmähte Thuja in den Gärten, aus der im Land ihrer Herkunft an der Westküste Amerikas die Ureinwohner hochseetaugliche Kanus gebaut haben, ohne einen Baum zu fällen.

Oder der Prachttaucher, ein seltener Wintergast, der im zufrierenden Riegsee gefangen war. Und die Mauersegler, die um den Kirchturm sicheln, und – das haben Ornithologen letztlich entdeckt – sich im Flug paaren. Schließlich erzähle ich von der Rettung einer beinahe ausgestorbenen Lokalrasse, dem Murnau-Werdenfelser-Rind.

---

*Schneider, Angelika 2018: Toskana: Wein, Kastanien, Hirten, Herren - Vom Werden der Landschaft. Taschenbuch: 316 Seiten; ISBN-10 : 3752811234

Mögen diese Geschichten, mit dem jeweiligen Hintergrund, Freude bereiten und helfen, das Blaue Land mit anderen Augen zu sehen.

Ich danke Wolf Schröder, der die Texte lektoriert und mit Tipps und Ideen geholfen hat. Vielen Dank auch an Jens Borchers, Rudolf Schmid und Jari Peltomäki für ihre Bilder und an Sepp Schmid, Kistlerbauer in Riegsee, der mir über seine Murnau-Werdenfelser-Rinder erzählt hat.

Molasse und Moräne

Berge sind die unvergänglichen Denkmäler der Erde.
Nathaniel Hawthorne

Wohl dem, der ein E-Bike hat! Bei uns im Alpenvorland geht es nur selten eben dahin – von Riegsee hinauf nach Murnau, vom Murnauer Moos nach Kohlgrub oder von Habach zur Höhlmühle heißt es haxeln. Überall schwingt sich das Gelände plötzlich steil auf, sodass man froh ist, wenn die Batterie nicht schlappmacht. Es taucht die Frage auf, über welchem Untergrund man sich abstrampelt.

Es sind zwei geologische Formationen, die uns in den Oberschenkeln brennen: Molasse und Moräne.

Wenn man vom Hörnlegipfel über Kohlgrub nach Norden blickt, erkennt man die steilen Geländerippen, die sich von Ost nach West in mehreren Reihen dahinziehen. Staffelsee und Riegsee liegen in Vertiefungen zwischen solchen Rippen. Von Murnau nach Osten zieht sich das erste Band, der Königsberg, über Hagen, Perlach, Guglhör bis zur Höhlmühle, läuft nördlich davon als zweites Band im Bogen zurück nach Westen bis nach Aidling und weiter, immer weiter mit Unterbrechungen bis fast zum Bodensee. Diese Bänder sind die harten Geländerippen der alpinen Molasse, die sich nördlich der Alpen hinziehen. Die Inseln im Staffelsee sind Teil des Molassegesteins. Teil einer dritten Geländerippe in der näheren Ferne ist der Hohe Peissenberg.

Was für ein Gestein ist Molasse? Wie ist sie entstanden? Warum hat sie sich in steilen Rippen aufgestellt? Nur um einem beim Radeln in die Beine zu fahren? Für eine Antwort müssen wir weit in die Erdgeschichte zurückgehen, bis in die Zeit, in der die Auffaltung der Alpen begann.

Aufstieg Alpen

Vor 150 Millionen Jahren waren Europa und Afrika durch einen warmen Ozean getrennt, die Tethys. Am Grund des Ozeans grenzten zwei Erdplatten aneinander, die europäische und die afrikanische. Solche Platten sind Teile der Erdkruste, die auf dem heißen Erdmantel „schwimmt". Über Jahrmillionen sanken abgestorbene Meeresorganismen auf den Grund der Tethys – Muscheln, Kalkalgen, Korallen und die spiraligen Kalkgehäuse der Kopffüßer, der Ammoniten. Sie lagerten Tausende Meter dicke Schichten ab; aus ihnen sollten die Kalkgebirge der Alpen hervorgehen – die Nördlichen Kalkalpen mit dem Wettersteingebirge und, im Süden, die Dolomiten. Der Grund der Tethys begann unter ihrem Gewicht abzusinken.

Vor 70 Millionen Jahren begann die afrikanische Platte dann, sich auf die europäische zuzubewegen; unaufhaltsam und unaufhörlich. Bis auf den heutigen Tag drängt Afrika fünf Zentimeter im Jahr Richtung Europa. Die Erdplatten werden gegeneinandergedrückt, gestaucht, gefaltet und übereinandergeschoben. Die Kräfte im Spiel waren so gewaltig, dass sie schließlich die Tethys verschluckten, bis auf einen letzten Rest, das Mittelmeer. In einigen Millionen Jahren wird es auch verschwunden sein.

Vor 30 Millionen Jahren tauchte die europäische Platte dann so tief in den Erdmantel ein, dass sie zu schmelzen begann und schließlich abbrach. Die gestauchten Gesteinsschichten darüber begannen sich zu heben und aus dem Meer aufzutauchen – die Alpen waren geboren.

Jetzt kamen auch die versteinerten Meeresablagerungen aus dem Wasser und strebten gen Himmel: der Muschelkalk des Wettersteingebirges und die Riffe der Dolomiten.

Kaum aus dem Ozean aufgetaucht, begannen Schwerkraft, Wind und Wetter, Regen, Frost und Eis das junge Gebirge zu benagen. Eine gewaltige Erosion setzte ein. Die höchsten Berge der Alpen sind fast fünftausend Meter hoch; ohne Erosion würden sie zwölf Kilometer in den Himmel ragen.

Heute schieben sich die Alpen „netto" einen Millimeter im Jahr nach oben – seit der Kaiserkrönung Karls des Großen im Jahr 800 mehr als einen Meter!

Aus den jungen Alpen stürzten und flossen so im Laufe von Jahrmillionen gewaltige Gesteinsmassen zu Tal, Flüsse spülten Kies, Sand und Ton ins Vorland hinaus. Daraus entstand die Molasse.

Schichten und Falten: Molasse

Vor 25 Millionen Jahren hatte sich nördlich der Alpen ein Meer gebildet, das Molassemeer, worin die abgetragenen Gesteine der jungen Alpen versanken. Die Alpen waren noch nicht sehr hoch aufgestiegen, das Klima war feuchttropisch. Breite Ströme mündeten ins Molassemeer, bildeten Süßwasserseen und Sümpfe. Während der folgenden Jahrmillionen schwankte der Meeresspiegel stark, gleichzeitig füllten die Ablagerungen aus den Alpen das Molassemeer immer weiter auf. Tausende Meter dicke Schichten aus lockeren Kies-, Sand- und Mergelschichten (Mergel: Mischung aus Ton und Kalk) sanken kilometertief in den Erdmantel ein, zusammengepresst durch ihr eigenes Gewicht. Das ist die Molasse.

Die nach Norden drängenden Alpen pressten sich an die Molasse, schoben sie zusammen und stellten sie zu steilen Rippen auf. Auch die Gletscher der Eiszeit waren nicht imstande, die Molasserippen einzuebnen. Sie sind aber an vielen Stellen von Gletschermoränen der Eiszeiten überdeckt, die der Landschaft ein sanfteres Profil verleihen. Wenn man von Froschhausen nach Murnau radelt, strampelt man über solch eine Moräne bergauf. Darunter liegt die Molasse, die für die Steigung verantwortlich ist.

Die Murnauer Faltenmolasse und die Inseln im Staffelsee sind aus dem Gestein Nagelfluh aufgebaut, einer Form von Molasse. Nagelfluh wurde im Meerwasser abgelagert, als lockeres Gestein, das unter Druck verbacken wurde. An der Südseite des Murnauer Schlossbergs tritt dieser Nagelfluh an die Oberfläche: runde Kiesel verschiedener Größe, verbacken mit Sand und Ton. In ein subtropisches Meer gespült vor Jahrmillionen, nach oben gepresst von den Kräften aus dem Erdinneren, steht einem die Geschichte der Gesteine hier direkt vor Augen. Im Allgäu ist Nagelfluh in der Hochgratkette zu hohen Bergen aufgeteilt.

Die alpine Störung, der Druck der afrikanischen Erdplatte gegen die europäische, kommt nördlich der dritten Molassenrippe endlich zur Ruhe, in einer Linie, die sich jenseits von Irschenberg, Peissenberg und Auerberg hinzieht.

Jede Menge Schotter

Die letzte große Vereisung, die Würmzeit, hatte vor ungefähr 100.000 Jahren begonnen. Es gab in ihr große Klimaschwankungen, mit Warmzeiten, in denen es wärmer war als heute. Vor 23.000 Jahren begann die kälteste Phase der Würmzeit. Die Gletscher stießen bis weit in das Vorland hinaus vor, durch das Ammer-, Isar- und Loisachtal. Die Zunge des Loisachgletschers reichte bis fast nach Weilheim, über den Murnauer Molasserippen lag das Eis 500 Meter dick.

Auch in der größten Kälte besteht ein Gletscher nicht nur aus Eis, es ist immer flüssiges Wasser darin. Im Inneren des Gletschers gibt es viel Reibungswärme, durch die Bewegung des Gerölls auf seinem Grund. Wasser sammelt sich in den Gletscherspalten, und selbst im kältesten Winter fließt Wasser ab.

Den Hunderte Meter dicken Eispanzern der Würmkaltzeit entflossen sehr große Wassermassen. Sie brachten riesige Mengen an Schotter und Sand mit. Die „Wannen" zwischen den Molasserippen wurden Dutzende Meter dick mit Schottern des Loisachgletschers aufgefüllt. Der Isargletscher schüttete die Münchner Schotterebene auf.

Eine Zierde des Alpenvorlandes sind die sanft gerundeten Hügelkuppen, auf denen Dörfer liegen oder Kirchlein und Kapellen stehen. Diese Hügel sind ein Geschenk der Eiszeitgletscher. Als es in der späten Würmzeit, vor über 20.000 Jahren, extrem kalt wurde, stießen die Gletscher aus den Bergen noch einmal weit vor und überfuhren die bereits abgelagerten Schotter. Dabei stauchten sie diese und formten sie um zu Drumlins, den eiszeitlichen Geländekuppen. Drumlins haben eine steile Stirnseite, an welcher der Gletscher anschob. Sie laufen dann tropfenförmig in der Fließrichtung des Eises aus. Das Wort kommt aus dem gälischen "droimnin", das bedeutet kleiner Rücken oder Trommel („drum"). Drumlins entstehen unter dem Eis. Nach dem Abtauen bleiben sie als längliche Geländetropfen in der Landschaft zurück, meist einige Dutzend Meter hoch und einige Hundert Meter lang. Das Eberfinger Drumlinfeld ist eines der größten mit Dutzenden von solchen Schottertropfen.

Es gab mindestens sechs große Kaltzeiten über die letzten zwei Millionen Jahre, die letzte, die Würmzeit, verwischte viele Spuren der vorhergehenden. Gletscher hatten die Mulde zwischen den Molasserippen von Murnau und Aidling ausgehobelt, die von den riesigen Schottermengen verfüllt wurden – nur die beiden Wannen in denen heute Staffelsee und Riegsee liegen, wurden nicht ganz eingeschottert.

Als die Würmkaltzeit zu Ende ging, vor mehr als 12.000 Jahren, kam die große Schmelze – die Gletscher zerfielen, zerflossen, schwanden dahin. Zurück blieben die umgeformten Schotter, die Drumlins, bedeckt von wenige Meter dicken Moränen, also dem Schutt, den die Gletscher mit sich führten – Moränen, die wie ein zarter Schleier über den

Drumlins liegen, wie es ein Geologe in einer poetischen Anwandlung einmal beschrieb. Seitdem tauchen in der Literatur diese letzten Ablagerungen von Gletscherschutt immer wieder als „zarte Schleier" auf.

Radelt man über die Drumlins, kommt man an manchen vorbei, die nicht mehr unversehrt in der Landschaft liegen. Sie wurden aufgeschnitten von Baggern, ihr Inneres von Lastwagen fortgeschafft. Es sind die Schottergruben, die die Vorstoßschotter freigeben, die vor Tausenden von Jahren hier angeschwemmt wurden.

Geologen erkannten, dass in der kältesten Periode der Würmzeit der Inngletscher mit Isar- und Loisachgletscher in einem großen Eisfeld zusammenhing. Der Inngletscher füllte die Täler des Alpenhauptkamms aus, zum Beispiel das Ötztal und das Engadin. Deshalb findet man in den Schottergruben Gesteine, die von weit her, aus aus den Zentralalpen kamen: Engadiner Gneise, Granit, Schiefergneis.

Mit dem Radl kann man im Alpenvorland also eine Fahrt durch 200 Millionen Jahre Erdgeschichte unternehmen: Im Tethysmeer lagern sich die Wettersteinkalke ab; Afrika und Europa krachen aufeinander, stauchen sich und falten die Alpen auf, verschlucken die Tethys. Die Alpen erodieren; Kies, Sand und Ton lagern sich vor den Bergen ab, das ist die Molasse, im Alpenvorland erscheint sie als gefaltete Molasserippen und Nagelfluh. Gletscher der Eiszeiten gleiten darüber, bringen große Mengen von Schotter mit. Zuletzt schieben sie diesen zu Drumlins zusammen und legen „den Schleier der Endmoränen" darüber.

Lob der Fichte

Jede Ficht' hat ihr Gesicht
Sprichwort

Die Fichte ist der Nadelbaum mit der größten Verbreitung aller Bäume – ihr Reich erstreckt sich von Westeuropa nach Skandinavien, vom Baltikum bis weit nach Sibirien hinein. Die Fichte (*Picea abies*) ist auch der häufigste Baum der Welt, und jener mit der größten wirtschaftlichen Bedeutung. Durch ihre hohe ökologische Plastizität wächst sie vom Talboden bis zur Waldgrenze, in Mischwäldern, in natürlichen oder künstlichen Reinbeständen. Sie verträgt Staunässe und – weniger gut – Trockenheit, Hitze und Kälte, ist zufrieden mit armen, sauren Böden. Auch bei uns in der Gegend stehen große Fichtenwälder – am Königsberg, auf der Aidlinger Höhe, im Estergebirge, unter Ettaler Mandl und Aufacker.

Die Fichte gedeiht im vollen Licht, kann als Jungpflanze aber auch jahrzehntelang im Schatten dahinkümmern. In tieferen, nicht zu trockenen Lagen, wächst die Fichte in Mischwäldern mit Tanne und Buche. In mittleren Höhen, ab etwa 1400 Metern, steht sie dann in großen Reinbeständen. Hier ist die Fichte in ihrem Optimum; die Bäume können zu Riesen heranwachsen, bis über 50 m Höhe erreichen. Auch im hohen Norden, in Skandinavien und Finnland, bis hinein nach Sibirien, wächst die Fichte in großen natürlichen Reinbeständen.

Im obersten Waldgürtel der Alpen bildet die Fichte Mischwälder mit Lärche und Zirbelkiefer. Dort zeigt sie eine weitere Facette ihrer Überlebenskunst: Sie wächst kaum mehr als zwei Meter in die Höhe, bildet Gruppen aus mehreren Stämmchen, den sogenannten „Rotten". Sie überdauern den Winter unter einer Schneedecke. Fichtenrotten können Hunderte von Jahren alt werden – Teile sterben ab, am anderen Ende schlagen Zweige neue Wurzeln. Hier wächst die Fichte in die Breite und nicht in die Höhe. Die geschlechtliche Fortpflanzung über Samen ist im rauen Waldgrenzklima sehr verlangsamt; die Zapfen, in denen die Samen heranwachsen, sind oft unvollständig ausgebildet: Für Sex ist es im Hochgebirge einfach zu kalt.

Bei Botanikern und Forstleuten ist die Fichte ein berühmt-berüchtigter Flachwurzler: Auf lehmigen, dichten Böden dringen ihre Wurzeln kaum einen halben Meter in den Boden ein. Deshalb ist die Fichte anfällig für Windwurf – und die Fichten liegen bei Sturm auf großer Fläche am Boden. Im Wald sieht man öfter aufgestellte Wurzelteller der umgestürzten Fichten. Waldbauprofessor Peter Burschel (1927-2013) weist darauf hin, dass die Fichte auf manchen natürlichen Standorten allerdings sehr standfest ist: Auf Felsen kann sie ihre Senkwurzeln voll ausbilden und sich im Untergrund verkrallen.

Was Wetter und Klima betrifft, ist die Fichte sehr flexibel. Sie erträgt Kälte gut, außer wenn Spätfröste im Frühjahr den jungen Trieben zu sehr zusetzen. Empfindlich ist sie gegenüber Trockenheit – und das hat Waldbesitzern und Förstern Kopfzerbrechen gemacht. Die trockenen Sommer im Klimawandel reduzieren die Vitalität der Bäume – der Borkenkäfer hat leichtes Spiel.

„Wir treffen uns bei der großen Tanne", sagte die engagierte Naturfreundin zu mir. Ich wusste, was sie meinte und fand mich bei der großen Fichte ein. Auch Naturliebhaber unterscheiden Fichte und Tanne oft nicht. „Tanne" ist der Oberbegriff für diese beiden ähnlichen Nadelbäume. In der Schweiz heißt es, die fichtenen Alphörner seien aus „Tannenholz"; der „dunkle Tann" ist oft ein Fichtenwald. Für den, der's wissen will, ist es nicht schwer, die beiden Arten zu unterscheiden: Die Tanne hat eine weißliche Rinde, die Fichte eine rötliche. Alte Tannen wachsen nicht mehr in die Höhe, sie bilden eine „Storchennestkrone", die man von weitem erkennt. Die Fichte hat auch im Alter eine Spitze. Ihre Nadeln sind spitz und stechen, die Nadeln der Tanne sind weicher mit zwei weißen Wachsstreifen auf der Unterseite. Tannennadeln stehen beidseitig in Reihen am Zweig. Die Zapfen der Fichte hängen am Zweig und fallen als ganze ab, die Zapfen der Tanne stehen aufrecht hoch oben am Baum, sie zerfallen am Zweig, wenn sie ihre Samen entlassen.

Fichten-Monokulturen

Unter Naturschützern hat die Fichte einen schlechten Ruf. In Deutschland gibt es große Fichten-Monokulturen außerhalb des natürlichen Verbreitungsgebietes der Baumart. Dort hat mit dem Klimawandel die Trockenheit zugenommen. Das schwächt die Fichte, macht sie anfällig für den Borkenkäfer. Ihre Allgegenwart in Deutschland ist von der Natur nicht vorgesehen. Nur in den Kammlagen der Mittelgebirge und in höheren Lagen der Alpen kommt sie natürlich vor. Ihre Karriere als Baum der deutschen Landschaft, der Kinder- und Märchenbücher, als typische Baumart des Waldes der Deutschen begann im 19. Jahrhundert.

Ein heutiger Spaziergänger würde einen Wald am Ende des 18. Jahrhunderts kaum als solchen erkannt haben: Die Wälder waren licht, ausgeplündert, in Auflösung begriffen, ruiniert: schüttere Eichen oder Buchen da und dort, kaum Jungbäume. Seit den großen Waldrodungen des Hochmittelalters hatte der Wald sich nicht mehr ausgebreitet. Nur 20 % der Landschaft waren noch von Wald bedeckt – und dieser Wald hatte viele Lasten zu tragen. Er musste riesige Mengen Brennholz für die Städte liefern (mindestens 40 Millionen Kubikmeter im Jahr); Holz war die einzige Energiequelle. Im Wald weideten Millionen von Rindern, Schafen und Ziegen, viele Bauern konnten ihr Vieh nirgendwo anders als in den Wald austreiben. Bäume lieferten

Pottasche für die Glasherstellung; der Waldboden wurde als Streu für das Vieh im Stall abgetragen. Eichenwälder waren besonders schütter: Je breiter die Kronen der Eichen, desto mehr Eicheln produzieren sie für die Schweinemast. Die Eichen standen weit auseinander. Auf den Eichen wachsen die besten Schinken, sagt das Sprichwort.

Aus der großen Holznot heraus entstand im 19. Jahrhundert erstmals eine geregelte Forstwirtschaft. Förster und Waldbesitzer pflanzten in den folgenden Jahrzehnten auf riesigen Flächen die rasch wachsende Fichte. Sie lieferte bestes Bauholz und gutes Brennholz. Aus degradierten Wäldern erstand dunkler Nadelwald. Es war dieser Wirtschaftswald, der die Landschaft veränderte und das moderne Waldbild in den Köpfen der Leute entstehen ließ. Der Wald Rotkäppchens und Hänsels und Gretels war der künstliche Fichtennadelforst.

Von Europa nach Sibirien

Im hohen Norden, in Skandinavien, im Ural und der russischen Subarktis bis weit hinein nach Ostsibirien stehen Abermilliarden von Fichten im „borealen Nadelwald", einem einzigen zusammenhängenden Waldkörper. Auf ihrem Weg vom Westen in den Osten verändert die Fichte allmählich ihr Aussehen, bis sie uns als „sibirische Fichte" (*Picea obovata*) entgegentritt, mit runden anstatt spitzen Zapfenschuppen und hellgrauer statt rötlicher Rinde. Die neuen genetischen Methoden haben ergeben, dass die beiden Formen einander so ähnlich sind, dass man sie als eine Art bezeichnen kann. Auch die kälteangepassten Fichten in den Hochlagen der Alpen mit ihrer hellgrauen Rinde sind von der sibirischen Fichte kaum zu unterscheiden, weder äußerlich noch genetisch.

Holz-Ton

Ein gut belüfteter Holzstadel im Fichtenwald von Paneveggio im Fleimstal in den italienischen Alpen birgt eine Schatzkammer in sich. In ihr lagert Klangholz, geschnitten aus besonderen Fichten, die dort zwischen 1400 und 1600 m Höhe wachsen. Die Fichtenbrettchen werden in der Mitte gespalten; diese Zwillingsteile werden zum Deckel einer Geige, eines Cellos, einer Bratsche. Sie schwingen, wenn der Bogen über die Saiten streicht und erzeugen dabei jene Töne, die Feinhörige in Verzückung geraten lassen. Besonders wenn es ein Instrument aus der Cremoneser Schule ist, von Amati, Guarneri und – *primus inter pares* – Antonio Stradivari. Er kam, historisch belegt, selbst in den Wald von Paneveggio, um das Holz für seine Instrumente auszusuchen. Von Stradivari existieren heute noch über 600 Instrumente. Nicht der Lack, nicht die Hand des Teufels, nein das Holz aus den Alpen ist das Geheimnis der Cremoneser Geigen – zusammen mit dem Genie ihrer Erbauer.

Was sind die anatomischen und strukturellen Eigenschaften von Klangholz? Es muss absolut frei von Defekten sein, mit geraden Fasern, ohne Äste oder Harztaschen. Die Jahrringe sind eng und regelmäßig, wie sie sich im feucht-kühlen Alpenklima von Paneveggio ausbilden. Auch an anderen besonderen Standorten gedeihen Klangholzfichten, zum Beispiel im Ammerwald. Die Jahrringe sollen nicht mehr als 2 mm breit sein für kleinere (Geigen), nicht mehr als 4 mm breit für größere Streichinstrumente (Celli). Im Mikroskop erkennt man, dass die Zellen des Klangholzes kleiner sind als normale Holzzellen. Klangholz ist elastisch und zäh; es muss die Spannung durch die Saiten aushalten – bei der Geige sind das über 40 kg. Die Spannung erhöht sich noch beim Spiel. Das geschieht unzählige Male, über Jahrhunderte bei den Cremoneser Instrumenten.

Nur jeder tausendste Fichtenstamm im Fleimstal liefert Holz, das zur Herstellung von Klangtafeln geeignet ist. Das sind 500 Kubikmeter im Jahr. Auch die Deckel von Klavieren, Gitarren und Zithern sind aus Klangholz gebaut.

Ausgedient? Fichte im Klimawandel

Heiße Sommer, monatelange Trockenheit, Orkane, die Aussicht auf immer mehr davon in den nächsten Jahrzehnten: Für die mesophile, gemäßigte Temperaturen und genügend Regen liebende Fichte sind das trübe Aussichten. Besonders die großen Monokulturen sind gefährdet – durch Stürme und den gefürchteten Borkenkäfer.

Die Larven des Borkenkäfers leben unter der Borke der Bäume, wo sie ihre charakteristischen Fraßgänge anlegen. Bei kühlem und feuchtem Wetter verpilzen die Larven und sterben ab. Bei Trockenheit kommt es zur Massenvermehrung. Borkenkäfer befallen dann auch gesunde und nicht nur geschwächte Fichten. Viele Forstleute geben die Fichtenmonokulturen schon verloren.

Jens Borchers, Forstdirektor im Schwarzwald, in dem es der Fichte heute noch gut geht, erzählt: „Ich bin mit meinen Leuten in die Todeszone gefahren, zur Kalmitätsvorbereitung".

Die „Todeszone" waren Fichtenwälder im Sauerland, im Taunus und im Westerwald, großflächig zerstört vom Borkenkäfer. Auch im Harz, Hunsrück und im Thüringer Wald hätte sich das gleiche Bild gezeigt. Baumkarkassen erstrekken sich auf 600.000 ha über die Mitte Deutschlands; das sind 5% des deutschen Waldes! Es ist nicht die Hitze, sondern die Trockenheit, die den Klimawandel für die Fichte so bedrohlich macht. „Zwei verregnete Sommer und der Borkenkäfer hätte ausgespukt", so Freund Jens. Dann würden die Larven des Borkenkäfers im feuchten Milieu unter der Rinde verschimmeln. Doch zwei verregnete Sommer – wo kriegt man die her? Auch der gerne zitierte „klimastabile Mischwald", aus Fichten, Tannen und Buchen sei eine Illusion: „Die Buche vertrocknet genauso." Als erfahrener

Praktiker setzt Jens auf die üppig unter den toten Bäumen stehenden Jungbäume, die Verjüngung. „Die mitteldeutschen Fichten waren verwöhnt, vom regenreichen Klima, in dem sie aufgewachsen waren". Ihre Kinder müssten sich an die neuen Bedingungen anpassen, durch eine härtere Jugend stärkere Erwachsene werden. Kräftigere Wurzeln und dickere Nadeln sollen sie vor Wassermangel schützen. Ein Psychologe würde hier schwarze Pädagogik diagnostizieren. Der Fachmann spricht von „Epigenetik", ein alt-neues Konzept in der Ökologie, laut dem Umweltbedingungen direkt auf genetische Eigenschaften einwirken. „Ich habe im trockenen Südfrankreich auf Nordhängen auf 300-400 Metern Seehöhe glückliche Fichten gesehen", so Jens Borchers.

Ein Kind der Steppe

…drin im Gros huckt a Hos
Hot seine Löffl augstellt
Aus einem alpenländischen Volkslied

Um sechs Uhr früh gehe ich mit dem Fernglas auf einem Feldweg, er führt mich durch Streuwiesen, Mähwiesen und Brache. Rehe äsen, schrecken auf, Graugänse grasen, warnen. Da sitzt er dann, und sein Fell spielt von ganz schwarz bis ganz weiß alle Schattierungen in der Morgensonne: braun der Rücken, weiß der Bauch, rostbraun die Flanken, schwarz die Spitzen der Ohren – der Feldhase. Ich bin schockverliebt.

Wer jetzt an ein rundes Köpfchen, zartes Schnäuzchen, flauschiges Schwänzchen denkt, hat ein Kaninchen vor Augen. Ein Feldhase (*Lepus timidus*) ist aber kein *Bunny*, mit seinem langen kantigen Gesicht, den hervorstehenden Augen, den überlangen Hinterbeinen. Hasen und Kaninchen werden oft verwechselt; das menschliche Gehirn überblendet vage Ähnlichkeiten zu einer einzigen Gestalt.

Die Unterschiede zwischen Hasen und Kaninchen sind jedoch groß: Feldhasen sitzen in der Sasse, Kaninchen graben Baue; Feldhasen trifft man alleine an, Kaninchen hoppeln in Gesellschaft. Hasen sind auch viel größer (3-5 kg) als Kaninchen (1-2 kg).

Sasse und Haken sind zwei Schlüsselbegriffe für das Überleben des Feldhasen. Die Sasse ist sein „Ruhesitz", seine Mulde in der Brache oder auf dem Acker. Dort verdöst er mit angelegten Ohren die Zeit. Der Blick seiner seitlich am Kopf sitzenden, vorstehenden Augen reicht fast über 360°, sein Fell mit den changierenden Brauntönen lässt ihn vollkommen mit dem Untergrund verschmelzen. Nähert sich ein Fressfeind, beginnt sein Herz zu rasen, in

Vorbereitung der Flucht. Geht die Gefahr vorbei, bleibt der Hase sitzen, der Puls geht zurück. Kommt der Feind zu nahe, rast der Hase davon und schlägt wilde Haken – seine Hinterbeine, doppelt so lang wie die vorderen, machen ihn zu einem Weltklasse-Sprinter. Die Verfolger laufen ins Leere. 70 Stundenkilometer kann ein Hase erreichen, er ist schneller als ein Pferd. Nicht einmal eine Duftspur hinterlässt er: Seine Füße sind frei von Duft- und Schweißdrüsen. Zuletzt springt er mit einem Riesensatz in seine Sasse zurück, dabei verwehen die letzten Hasen-Duftmoleküle.

Köttel fressen…

…ist gar nicht schlimm. Feldhasen produzieren zwei Sorten von Kötteln: den echten Kot, jene braungrauen Kotpillen, die man am Boden findet. Die anderen, kleineren, dunklen und weichen Köttel scheidet der Hase nur zu bestimmten Zeiten aus, es sind im Blinddarm vorverdaute Pflanzenreste, reich an Mineralien und Vitaminen (B1), die vom Hasen wieder aufgenommen und ein zweites Mal durch den Verdauungstrakt geschickt werden. Hasen sind reine Pflanzenfresser: Kräuter, Gras, Samen, Knospen, im Winter auch Zweige und Rinde. Nagespuren von Hasen findet man oft oberhalb der Schneedecke an Stämmen von Büschen und jungen Bäumen. Ein Kilo Pflanzen muss der Hase am Tag mümmeln.

Ein Kind der Steppe

Feldhasen kommen aus der Steppe. Ihre ursprüngliche Heimat sind die Steppen Eurasiens, der Ukraine und Russlands, die Puszta Ungarns. Nach dem Ende der letzten Eiszeit war Mittel- und Westeuropa von Wäldern bedeckt. Erst mit den großen Rodungen, vor allem im Spätmittelalter, als die Bevölkerung stark zunahm und Felder den Wald verdrängten, fand der Feldhase bei uns weiten Lebensraum. Die mittelalterliche Drei-Felder-Wirtschaft mit Getreide,

Hackfrüchten (Rüben) und Brache bot Hasen das Paradies – üppig Nahrung und ganzjährig Deckung. Brachen boten zusätzlich Schutz vor Fressfeinden und Schlechtwetter. Das all-inclusive-Paket der mittelalterlichen Landwirtschaft erlaubte hohe Dichten der Feldhasen insbesondere in warmen Gebieten, sie waren höher war als jene natürlichen der Herkunftssteppen.

Viele Straßen sind des Hasen Tod

Zehntausende von Feldhasen sterben jährlich in der von Straßen zerschnittenen deutschen Landschaft – viele Straßen sind des Hasen Tod.

Brachen und kleine Felder, die dem Hasen so taugen, findet er in der modernen Landwirtschaft nicht mehr. Große Felder, die auf einen Schlag abgeerntet werden, lassen die Hasen ohne Deckung zurück. Fuchs und Habicht freut's, der Hase erleidet den „Ernteschock".

Aus der Sicht des Steppentiers Feldhase ist aber die Klimaerwärmung von Vorteil: Höhere Frühsommertemperaturen, trockenes Wetter lassen mehr Junghasen überleben.

Vermehren wie die Hasen...

Eine Häsin kann drei- bis fünfmal im Jahr Junge bekommen, mit fünf bis sieben Jungen pro Wurf. Dabei hilft die Natur der Fortpflanzung der Häsin durch einen besonderen Kniff – der doppelten Trächtigkeit. Noch vor dem nächsten Wurf paart sich die schwangere Häsin erneut mit ihrem Rammler-Favoriten. Es findet eine neuerliche Befruchtung statt, eine sogenannte Superfötation. Das verkürzt die Wurfabstände und bringt viele Junghasen in der günstigen Jahreszeit. Wenn es dem Feldhasen schlecht geht – an seiner Fruchtbarkeit liegt es nicht.

Nach welchen Kriterien sucht sich die Häsin ihren Rammler aus? Hasenmänner tragen Rangkämpfe aus, indem sie, auf den Hinterläufen stehend, mit den Vorder-läufen aufeinander einprügeln. Der stärkste Boxer hat – klassisch-darwinistisch – gute Chancen. Nicht nur weil sein Boxsieg ihn als den mit den stärksten Muskeln ausweist; er hat vielleicht auch die schärfsten Augen, das mimetischste Fell und das stärkste Immunsystem.

Knäuelgras- Wiesengras

„Wenn ich das Wimmeln der kleinen Welt zwischen Halmen, die unzähligen, unergründlichen Gestalten, all der Würmgen, der Mückgen, näher an meinem Herzen fühle…".
Goethe, Die Leiden des jungen Werthers

Die „Halme" auf den Wiesen, also die Gräser, schauen für mich irgendwie gleich aus, ich habe nicht den kundigen Blick einer Bäuerin. Zwischen den Halmen stehen im Frühjahr noch Löwenzahn, Wiesenschaumkraut und Hahnenfuß. Andere Blumen finde ich nicht, ich schaue auf Intensivgrünland.

Eines der Gräser erkenne ich jedoch immer, seit meiner Studienzeit - das Knäuelgras oder Knaulgras (*Dactylis glomerata*). Seine große Rispe bildet annähernd ein Dreieck, daran hängen die namengebenden „Knäuel", die Bommeln der Blütenstände. An denen identifiziert auch eine Grünlandnovizin das Knäuelgras. Es ist ein gutes Futtergras; man schneidet sich leicht an den glatten Halmen, die bis über einen Meter hoch aufwachsen können, wenn die Halme nicht vorher gemäht oder von Weidetieren abgefressen werden. Da bildet das Knaulgras dann dichte Horste am Boden; daraus wachsen feine Halme, die das beste Futter sind.

Ursprünglich aus den Steppen Eurasiens und aus Nordafrika stammend, wächst das Knäuelgras heute auch in Nord- und Südamerika, in Australien und Neuseeland. In der Kolonialzeit wurde es in die fernen Kontinente verschleppt. Wo immer gemäht oder beweidet wird, ist das Knaulgras jetzt zuhause. Ich höre noch meinen Botanikprofessor: "Das Knäuelgras ist die Pflanze mit der weltweit größten Verbreitung".

Das Knäuelgras ist ein Wiesengras. Wiesen aber kommen in unserer Landschaft von Natur aus nicht vor. Die Wiese, wie wir sie kennen, ist eine Erfindung des Menschen. Europa wäre überwiegend von Wald bedeckt, bis auf Gebiete über der Waldgrenze im Gebirge und bis auf Moore und andere Feuchtgebiete, in denen von Natur aus kein Wald wächst. Die meisten waldfreien Flächen in Europa sind vom Menschen geschaffen. Heute ist Mitteleuropa noch zu einem Drittel von Wald bedeckt.

Vergegenwärtigen wir uns noch ein wenig die Zeit vor der Öffnung des Waldes. Von der Römerzeit bis weit ins Mittelalter, über Tausend Jahre, unterbrachen nur einzelne Dörfer und wenige Hofstellen das Waldkleid. Der römische Geschichtsschreiber Tacitus beschrieb so Germanien. Die Menschen schafften es nur mit Mühe, sich und ihr Vieh über das Jahr zu bringen. Hungersnöte und Seuchen waren häufig, Menschen starben jung, die Kindersterblichkeit war hoch. Die Bevölkerung wuchs kaum.

Ab dem Jahr 950 wurde das Klima wärmer, das Frühjahr kam zeitiger, heiße Sommer ließen das Getreide reifen, die Winterkälte biss nicht mehr so fest. Der Bauer schaute zufrieden in seine gefüllte Kornkammer, die Bäuerin freute sich über gesunde Kinder, die genug zu essen hatten. Das von Meteorologen so genannte „Mittelalterliche Klimaoptimum" ist eine Anomalie in einer sonst kalten Klimaphase, es hielt bis ca. 1250 an. Dann wurde es von der schrecklichen Kleinen Eiszeit abgelöst. Es wurde wieder gehungert und gefroren, über Jahrhunderte hinweg.

Im Mittelalterlichen Klimaoptimum war das Klima mindestens so warm wie heute, es gab eine Verdreifachung der Bevölkerung, eine regelrechte Bevölkerungsexplosion. Der Getreideanbau wanderte weit nach Norden, bis nach Schottland; Rodungen fraßen große Löcher in das Waldkleid, der Wald musste Acker, Weide, Siedlungen und Städten weichen. Unser Offenland ist aus dem Wald herausgeschnitten. Wenn heute Bauern aufgeben, kein Getreide mehr bauen, kein Gras mähen und keine Tiere austreiben, kehrt der Wald zurück. Seit dem „hochmittelalterlichen Siedlungsausbau" um 1250 ist die Verteilung von Wald und Offenland bis in unsere Tage ungefähr gleichgeblieben.

Die Rodungen ebneten dem Knäuelgras den Weg für seine Wanderung durch die Welt. Nach Nord- und Südamerika, nach Australien und Neuseeland kam das Knäuelgras erst mit den Europäern und ihren Weidetieren.

Der Weg zur Wiese war weit. Auf einer Wiese wird das Gras nicht von Tieren abgeweidet, sondern gemäht. Getrocknet zu Heu ist es das Winterfutter für die Tiere im Stall. Doch Anfangs war alles Weide – Hutweide. Rinder, Schafe und Ziegen, auch Schweine, weideten gehütet von Hirten auf allen Flächen abseits der Äcker, an denen es etwas zu fressen gab. Erst mit dem Aufkommen der Stallhaltung hat man Weidetiere mühsam von ausgezäunten Flächen der Hutweide ferngehalten, um das dort aufwachsende Gras für den Heuschnitt zu sichern. Parallel zum Aufkommen der Wiesen verlief auch die Evolution der Sense. Anfangs gab es nur die Sichel. Erst mit dem Heuschnitt kam die langstielige Sense, mit dem schräg gestellten Sensenblatt. Nun konnte man, weitausholend und bodennah, das Gras abmähen.

Diese Wiesen wurden nicht gedüngt, der Mist kam auf den Acker. Dünger war immer knapp am Hof, der Misthaufen immer kleiner als erhofft. Das Gras wuchs nicht sehr hoch und dicht, zwischen den Halmen prangte eine große Vielfalt von Wiesenblumen: Margeriten, Kuckucks-Lichtnelken, Rotklee, Lungenkraut, Ehrenpreis, Schafgarbe, Wiesensalbei, Witwenblume, Flockenblume, Glockenblume. Die alte Wiese war ein Paradies für Wiesenbrüter: Kiebitze, Braunkehlchen, Wiesenpieper, Wachteln und Wachtelkönige brüteten am Boden und zogen vor dem ersten

Heuschnitt ihre Jungen auf. Die singende Feldlerche im Steigflug kannte jedes Kind.

Die ersten Wiesen waren einschürig, bei gutem Wachstum gab es noch einen zweiten Schnitt, das Grummet. Vom dürftigen dritten Schnitt, dem Pofel, kennt kaum noch jemand den Namen. Alle alten Wiesen waren artenreich, an Blumen, an Insekten, an Vögeln.

Das Intensivgrünland vor unserer Tür heute wird gedüngt und fünf- bis sechsmal im Jahr gemäht, für Heu und Silage. Blumen finden sich noch am Wegrand. Die Wiesenbrüter sind verschwunden. Kinder kennen keine Feldlerche mehr.

Das schnittverträgliche Knäuelgras ist eines der Gräser in der modernen Wiese.

Unter Geiern

When a kite builds, look to lesser linen.'
Wenn ein Milan sein Nest baut, schau nach deiner Wäsche.
William Shakespeare; Ein Mittsommernachtstraum

Eine Eigenheit macht uns den Rotmilan sympathisch. Anders als der Mäusebussard meidet er das Dorf nicht, fliegt oft knapp über die Dächer, schaut den Leuten am Balkon über die Schulter. Jeder kennt die rostroten Suchflugjäger mit den schlanken Flügeln. Meist schweigen sie, ab und zu nur stoßen sie einen langgezogenen Schrei aus. So einen, wie er im Western den Ritt durch die Wüste Nevadas akustisch untermalt – einen Ruf der Geier.

Zwei Informationen entnehmen wir dem Shakespeare-Zitat am Anfang: Rotmilane tragen gerne Sachen in ihren Horst, sie stehlen sogar Unterwäsche; und zur Zeit Shakespeares waren Rotmilane in England ein alltäglicher Anblick. Heute ist das wieder so, doch war der Rotmilan (*Milvus milvus*) in Britannien lange Zeit verschwunden.

Rotmilane kommen dort vor, wo andere Vögel nicht landen mögen – wörtlich und in übertragenem Sinn: auf dem hochproduktiven, güllegetränkten, fünf-, sechsmal im Jahr gemähten Grünland. Sie gehören zu den ganz wenigen Arten, die aus der Intensivwiese einen Vorteil ziehen können, denn dort gibt es Mäuse satt. Rotmilane kreisen oft über den heckenlosen Wiesen draußen vor dem Dorf.

Neben Wiesen brauchen Rotmilane noch Bäume für ihren Horst – Einzelbäume oder Bäume am Waldrand. Und dort, in einer hohen Randfichte, zeigt mir ein Freund den Horst. Drei Küken in ihrem weißem Dunenkleid recken den Kopf in die Höhe, die schwarz umfiederten Augen verleihen ihnen ein Panzerknackergesicht. Ein Jungvogel hat einen Tumor am Auge, er wird den Sommer nicht überleben.

Ein Rotmilanpaar zieht pro Saison zwei bis drei Küken groß. Meist bleibt das Weibchen am Horst, das Männchen schafft Nahrung herbei. Das Federkleid beider Geschlechter ist gleich, das Weibchen etwas größer als das Männchen. Die Jungen nehmen mit ihrem ersten fertigen Federkleid das Aussehen der Alten an, sodass sie am Ende der Brutsaison oft nur noch an ihrer dunkleren Kopffärbung unterschieden werden können.

Deutschland ist der „Hauptvermieter" des Rotmilans. Der Vogel hat ein sehr kleines Verbreitungsgebiet; kommt fast nur (noch) in Mitteleuropa vor. In Deutschland brütet über 60 % des Weltbestandes dieser Art. In der Vergangenheit war der Rotmilan viel weiter verbreitet.

Vor der Jahrtausendwende gab es sehr starke Bestandeseinbrüche des Rotmilans. In der Türkei oder Marokko ist er fast ganz verschwunden. In manchen Ländern nahm der Rotmilan in den letzten Jahrzehnten wieder zu; im Alpenraum in Österreich und in Südtirol; im Nordwesten breitet er sich nach Belgien und in die Niederlande aus. In Großbritannien war der Rotmilan lange verschwunden. Die vogelverrückten Engländer wollten ihn aber wieder haben. Sie legten ein Wiedereinbürgerungsprogramm auf; jetzt leben wieder einige Tausend Rotmilane auf der Insel. Wiedereinbürgerungen gelingen nur, wenn die Ursachen des Verschwindens beseitigt wurden. In diesem Fall war es wohl die Verfolgung in der Vergangenheit des nicht sehr scheuen Greifs.

Im Winter zieht ein Teil der Rotmilane nach Nordafrika. Manche Vögel überwintern zunehmend auch bei uns. Wenn der Boden gefroren ist, fragt man sich, wo sie etwas zum Fressen finden. Im Sommer sind Rotmilane über Dorf und Wiese ein alltäglicher Anblick. Im Winter, an kalten Tagen, freut man sich über jeden von ihnen. „Schau, dass du was zu fressen findest", ruft man ihm in Gedanken zu.

Es gibt weltweit nur ungefähr 40.000 Brutpaare des Rot-milans. Intensives Grünland scheint ihm zu behagen, doch das Umbrechen von Grünland zu Äckern – vor allem Maisäckern – beraubt ihn seiner Jagdmöglichkeiten. Eine große Gefahr geht von Windrädern aus. Die Vögel erkennen Rotoren nicht, sie fliegen in sie hinein. Hunderte von Rotmilanen wurden am Fuß von Windrädern gefunden. Vogelschützer tun sich schwer, eine Ko-Existenz von Rotmilan und Windrad zu postulieren. Einen Abstand von 1000 m zu einem Horst, 6000 m zu einem bekannten Jagdgrund ist ein konkreter Schutzvorschlag. Ein forcierter Ausbau der Windkraft steht uns bevor. Er lässt für den Rotmilan und andere Vögel nichts Gutes erwarten.

Schwarzmilan

Der kleine Bruder des Rotmilans hat ein riesiges Verbreitungsgebiet, er lebt in Afrika genauso wie in Eurasien. So klein das Verbreitungsgebiet des Rotmilans, so ausgedehnt jenes des schwarzen.

Auch er fliegt gerne in geringer Höhe im Suchflug, bis er lebende Beute oder Aas erblickt. Der Schwarzmilan (*Milvus migrans*) greift gerne Beute an der Wasseroberfläche, schwimmende Ringelnattern oder tote Fische. Das hat ihm den Namen „Wassermilan" eingebracht; er folgt auch Fischerbooten, so wie es Möwen tun.

Beim Fressen ist der Schwarzmilan ein Opportunist und Generalist: Aas nimmt er lieber als der Rotmilan, er schätzt Abfälle aus Schlachthäusern und Fischfabrik, treibt sich auf offenen Müllkippen herum oder jagt Stadttauben.

In Asien gehen Schwarzmilane an Abfälle aus der Ölpalmproduktion, an die kalorienreichen Fruchtgehäuse. In Afrika sieht man sie, wie sie Reiher, Störche oder Ibisse belästigen, bis die ihre Beute fallenlassen. Der Schwarzmilan ist erfolgreich, weil flexibel, furchtlos und frech.

Der zerstreute Wildbiologie-Professor hat es auf die harte Tour erfahren. An einem Rastplatz im Ngorongoro-Krater, in Tansania, wollte er nicht auf die Warnungen der Ranger hören. Fasziniert von der endlosen Parade der Gnus und Zebras, packte er sein Sandwich aus. Flugs kam ein Milan von hinten angeflogen, riss ihm die Brotzeit aus der Hand und flog damit davon.

In Riegsee hatte sich im Juni 2017 nach tagelangem Regen wieder einmal eine riesige Wasserlache in der Wiesensenke hinter dem Haus gebildet. In den Tagen danach fanden sich mehr und mehr Schwarzmilane ein, zum Schluss zählte ich 30 Stück auf Wiese und Zaunpfosten. Für sie waren all die ersoffenen Wühlmäuse ein Festmahl.

Bei uns in Mitteleuropa sind Schwarzmilane meist Einzelbrüter. Anderswo brütet die Art auch gerne in Kolonien. Den Horstbau besorgt das Männchen. Es verflicht Zweige und Ästchen, polstert mit Moos und Lehm aus. Schwarzmilane gehen langjährige Verbindungen ein, doch auch Saisonverpaarungen gibt es – da menschelt es ja bei denen.

Schwarzmilane brüten gerne in Wassernähe, in Auwäldern und an Seeufern. Bei uns im Oberland ist der Rotmilan häufiger als der schwarze. In manchen Jahren sind aber auch Schwarzmilane ein alltäglicher Anblick.

Sein großes Verbreitungsgebiet führte dazu, dass sich mehrere Unterarten auf den verschiedenen Kontinenten entwickelten. In Indien kreist der kleine, graubraune *govinda*-Schwarzmilan über Häusern und Tempeln, in Nordafrika der *aegyptius*, südlich der Sahara der *parasiticus*. Alle diese Formen halten sich gerne in Städten auf („Stadtmilane"). Dort haben sie von Menschen wenig zu befürchten, sie sind auch wenig scheu. In Istanbul gibt es eine große Brutkolonie unseres Schwarzmilans, des *Milvus migrans*.

Der Schwarzmilan ist der häufigste Greifvogel weltweit.

Schönäugig und wild

...ein Braunvieh..., das durch die sorgfältige Zucht einer sehr strebsamen, fleißigen, braven Bevölkerung sich fortschreitend verbessert und eine immer weitere Beachtung findet.
H. Lehnert 1896

Das Steppenrind der Puszta mit seinen langen Hörnern oder das zottige Schottische Hochlandrind sind hervorgegangen aus der Zucht über Jahrhunderte. Angepasst an Klima und Boden sind sie Teil der Lebenswelt, der Geschichte und Tradition der Menschen. Das kleinste Rind Mitteleuropas, das gefleckte Hinterwälder Rind im Schwarzwald, zählt nicht zu den modernen Leistungsrassen. Der Doyen der Forschung zu alten Haustierrassen an der TU München, Professor Hans Hinrich Sambraus, sagt über das Hinterwälder Rind: „Es ist ein Kulturgut."

Jens, unser Freund aus dem Schwarzwald, bleibt beim Wandern fasziniert an einer Weide stehen: „Sind das Murnau-Werdenfelser?" „Ja", sage ich, „sie sind altes Kulturgut hier".

Typisch für dieses Rind ist der rotbraune Mantel; Stirn und Vorderteil sind oft dunkel, bei den Stieren manchmal ganz schwarz. Klauen und Hornspitzen sind dunkel. Auffallend ist der weiße Maulring um das schwarze Flotzmaul, das „Mehlmaul". Auch die großen schwarzen Augen sind hell umrandet. Jeder Tierarzt kennt ihre harten Klauen, eine Anpassung an die feuchten Moosböden im Alpenvorland. Die Stärke der Murnau-Werdenfelser lag vor allem in der Kraft und dem Arbeitswillen der Ochsen.

Bis weit ins vorige Jahrhundert gehörten die meisten Rinder in den Landkreisen Garmisch-Partenkirchen und Weilheim dem Murnau-Werdenfelser-Schlag an. Aber schon im 19. Jahrhundert waren die Schönäugigen unter

Druck geraten, bedrängt von modernen Rassen mit höherer Milchleistung: von Osten aus dem Allgäu das Braunvieh, von Westen aus Miesbach das Fleckvieh. In den siebziger Jahren des 20. Jahrhundert standen nur noch auf sechs Höfen Murnau-Werdenfelser. Die Rasse stand vor dem Aussterben.

Auch beim Kistlerbauern in Riegsee stand ab 1990 nur noch Fleckvieh im Stall. Trotzdem rentierte sich die Milchwirtschaft bald nicht mehr. Bauer Sepp Schmid erzählt, dass die Alpakazucht, ein weiteres Standbein am Hof, das Rindvieh querfinanzieren musste.

Um die Jahrtausendwende stellte der Kistlerbauer auf Naturlandbetrieb um. Er lernte Jürgen Lochbihler kennen, den Wirt vom Pschorr in der Schrannenhalle in München. Der suchte Bauern, die wieder Murnau-Werdenfelser einstellen wollten.

Das Fleisch dieser Rinder ist besonders schmackhaft, weil von intramuskulärem Fett durchzogen. Der Geschmacksträger Fett sitzt also direkt im Muskel, das Fleisch hat keine Schwarte. Wirt Lochbihler wollte in seinem Wirtshaus das ganze Rind verwerten, *nose to tail*, auch die weniger edlen Teile wie Innereien und Knochen. Lochbihler zahlte den doppelten Schlachtpreis, sodass sich für den Kistler eine Perspektive eröffnete.

Anfangs gab es viel Skepsis unter den Bauern im Landkreis: Sie hatten die Murnau-Werdenfelser gerade erst abgeschafft und jetzt sollten sie wieder her? Und überhaupt: „Wos brauchn mir an Münchna?"

Als tierische Arbeitskraft vor dem Pflug noch gefragt war, waren die Murnau-Werdenfelser-Gangochsen sehr begehrt: Sie konnten schnell Energie aus ihrem Muskelfett mobilisieren, hatten Kraft und Arbeitswillen. Obwohl kleiner als andere Rinder, „legen die Ochsen erst richtig los, wenn anderen Rassen wie Fleckvieh oder Pinzgauer schon die Ohren hängen lassen", so Bauer Sepp. Ab der Mitte des letzten Jahrhunderts machten die aufkommenden Traktoren die Ochsen dann überflüssig.

Im Vergleich zu anderen Rassen sind Murnau-Werdenfelser temperamentvoller. Besonders nach dem Kalben sind die Kühe oft recht wild.

So a Stier is koa Barbiepuppn

In den Betrieben hielt und handelte man fast nur Ochsen, und das war zuletzt zu einer großen Gefahr für dieses Rind geworden. Denn der Mangel an Stieren hatte zu einer starken Abnahme an Blutlinien geführt, die genetische Vielfalt des Murnau-Werdenfelser-Schlages war gefährdet. Spät richtete der Freistaat 1976 eine Mutterkuhherde von 25 Tieren auf dem Staatsgut Guglhör bei Riegsee ein, zusammen mit einer Samenbank von 9 Stieren aus den letzten drei verbliebenen Blutlinien, als die letzte Genreserve für dieses Rind.

Professor Sambraus leitete die genetische Untersuchung an der TU München, mit den Proben der Samenbank und noch einigen „alten Stieren aus dem hintersten Winkel", wie Sepp erzählt. Sambraus typisierte jene biologischen Marker, die die Rasse ausmachen. Er fand einen kräftigen Gen-Anteil von französischen Tarentaise-Rindern. Sie waren wegen der Ähnlichkeit der Fellzeichnung eingekreuzt worden. Doch war das ein Fehler gewesen – die Gesundheit der Rinder hattte abgenommen, besonders die Härte der Hufe, das typische Merkmal der Murnau-Werdenfelser.

Im Laufe der Zeit entschlossen sich immer mehr Bauern, Murnau-Werdenfelser zu halten, im Landkreis und außerhalb. Auch da gab es zunächst Widerstand – die Murnau-Werdenfelser als typisch lokaler Schlag sollten nicht in anderen Landkreisen vorkommen. Doch ohne Züchter von außerhalb wäre es nicht möglich gewesen, dieses Rind zu erhalten. Heute leben Murnau-Werdenfelser u.a. auch auf Betrieben in Starnberg und in Fürstenfeld-bruck.

In Sepps Stall stehen heute acht Mutterkühe und ihre Kälber, bis zum Alter von zweieinhalb Jahren. Dann werden die Jungochsen geschlachtet, die jungen Kühe zur Zucht an andere Höfe verkauft, überzählige wandern ebenfalls zum Metzger. Vier weitere Murnau-Werdenfelser vom Kistlerhof stehen im Freilichtmuseum auf der Glentleiten. Auch einen Stier hat Sepp im Stall stehen, jeweils für zwei Jahre. Danach kommt ein anderer auf den Hof, mit anderen Erbeigenschaften. Der züchterische Austausch findet über eine WhatsApp-Gruppe von ungefähr 80 Züchtern statt. „Zwei Monate ist der Stier am Hof im Einsatz, zwölf Monate muss man ihn durchfüttern", seufzt Sepp. Und gefährlich können sie auch werden, die Stiere. Zur Führung tragen sie einen Nasenring. „Wenn man ihn nicht sofort mit dem Führstock erwischt, ist es vorbei – da kommst du nicht mehr dran", meint Sepp, "ja, so a Stier is koa Barbiepuppn."

Jürgen Lochbihler ist längst nicht mehr der einzige Abnehmer für Murnau-Werdenfelser. Das Fleisch geht außer an die Pschorr-Gastwirtschaft auch an den Lebensmittelhandel und an Private. Heute übernimmt die Murnau-Werdenfelser Fleischhandels GmbH in Antdorf die tierschonende Schlachtung und Weiterverarbeitung. Sepp bringt seine Tiere selber hin; nachdem sie ein gutes Leben hatten – den Sommer über auf der Weide, im Winter im Stall – immer mit einem Auslauf im Freien.

Die Mühen der Züchter waren letztlich erfolgreich. Anfangs verlangte Wirt Lochbihler 50% Anteil an Murnau-Werdenfelser-Genen an den Tieren, jetzt ist man schon bei 75%. Heute werden 400 Tiere im Jahr geschlachtet. „Um eine Rasse zu erhalten, braucht es an die 3500 Tiere", so der Kistlerbauer. „Heute sind wir auf diesem Stand." Das Murnau-Werdenfelser-Rind ist wohl gerettet.

Linden und Eichen

Schon um die Linde war es voll;
Und alles tanzte schon wie toll.
Goethe, Faust I

Auf den Eichen wachsen die besten Schinken
Sprichwort

Der Tanz um die Linde begann zur Goethezeit zu Früh-
lingsanfang, zur Kirmes. Immer noch stehen große Linden
im Dorf, neben Kirche und Wirtshaus.

„Sie kommt 300 Jahre, bleibt 300 Jahre und geht 300
Jahre", sagt man von ihr, der „tausendjährigen" Linde.
Doch sind große Linden oft jünger, als ihre eindrucksvolle
Gestalt vermuten lässt. Das weiche („linde"), bei Schnitzern
beliebte Holz, lässt die Linde von innen her faulen. Im hoh-
len Stamm bilden sich neue Wurzeln, auch das machte die
Linde zu einem Symbol von Unsterblichkeit.

Die Tanzlinden standen im Dorf, die Gerichtslinden etwas außerhalb. Unter ihrer Krone fanden die Gerichtstage
statt; der Duft der Lindenblüten sollte die Richter milde
stimmen. Wer unter einer blühenden Linde steht, kennt das
Summen der Bienen, die in den Blüten reichen Nektar für
den Lindenhonig finden. Der war in früheren Zeiten nicht
nur für die „heiße Milch mit Honig" wichtig, sondern überhaupt eine der ganz wenigen Quellen zum Süßen von Spei-
sen. Im Mittelalter stand die Linde, des „Heiligen Römi-
schen Reiches Bienenweide", unter strengem Bann, sie
durfte nicht gefällt werden.

Süß duftend, nährend und heilend - die Linde ist ein
Muttersymbol. Bei den Germanen war es die Göttin Freya,
die in der Linde wohnte. Später waren es die christlichen

Marienlinden, zu denen Frauen mit ihren Anliegen pilger-
ten.

Mit Linde meinen wir eigentlich zwei verschiedene
Baumarten, die Sommer – und die Winterlinde. Am besten
unterscheidet man die beiden an der Unterseite der Blätter:
Sommerlinden (*Tilia platyphyllos*) haben weiße, Winterlinden (*Tilia cordata*) braune Härchen an den Blattadern. Die
herzförmigen Blätter sind größer bei der Sommerlinde, kleiner und etwas gewellt bei der Winterlinde. In unserer Gegend sind Winterlinden häufiger, aber auch die Sommerlinde kommt von Natur aus vor. Sie fehlt in Nord- und
Ostdeutschland.

Eine nächtliche Zugfahrt in Italien, zu einer Zeit, als man
Zugfenster noch öffnen konnte. Die Sommerluft war ge-
tränkt mit dem weichen, süßen Duft der blühenden Linden.
Er mischte sich mit dem beißenden Metallgeruch der Zug-
bremsen. Eine Mischung, die sich ins Körpergedächtnis ein-
brannte.

Bei uns im Alpenvorland stehen auch Eichen als Solitär-
bäume, im Dorf und auf Wiesen. Das *Raut Oak Fest* in
Riegsee trägt Geschichte im Namen: Eiche auf der Rodung.
Ende Juli reisen viele begeisterte *Raut Oak* Musikfans für
drei Tage an, campen mit Kind und Kegel auf den von Bauern wohlwollend freigegebenen Wiesen, nahe Bühne und
Eiche.

Bei uns spenden Eichen auf den Wiesen und Weiden
Schatten für das Vieh. In der Schweinehut fraßen die
Schweine frühen in den weiten, lichten Eichenwäldern Mit-
teldeutschlands die Eicheln. Aus dieser Zeit stammt auch
das Sprichwort von den besten Schinken auf den Eichen.

In ganz alter Zeit waren Eichen Ort der Anbetung Donars oder Thors, des germanischen Gottes. Der Heilige Bo-
nifatius, der „Apostel der Deutschen" wusste genau, warum er seine Axt an diesen heiligen Baum ansetzen musste,
als er die Donar-Eiche bei Geismar im Jahr 723 fällte. Donar

sandte keine Blitze, die Freveltat blieb ungesühnt. Die Heiden merkten, dass der Gott der Christen stärker war, sie ließen sich taufen.

Jacque Brosse (1922-2008), Religionsphilosoph und Naturschriftsteller, schrieb: „Mit dem Alter wird der Wuchs dieser Eiche unvergleichlich majestätisch". Alte Eichen mit ihren knorrigen Ästen, gezeichnet von Blitzen und Windbruch, mit toten Ästen, die aus dem Laub herausstechen, haben sich etwas von der göttlich-majestätischen Anmutung der alten Zeit bewahrt. Als Heilige Bäume, als das Haus Donars, waren sie der Nutzung entzogen, durften nicht verwertet und gefällt werden. In Heiligen Hainen oder einzeln auf dem Hügel wurden sie uralte Giganten.

Vom Mittelalter bis in die Neuzeit hatte die Eiche durch ihre Eicheln für die Schweinemast, durch die Gerbstoffe aus ihrer Rinde für die Lederherstellung und als Bauholzlieferant eine heute kaum noch vorstellbare Bedeutung. Eichen wurden in großen Eichenwäldern gezogen. Diese Wälder, wie in Bayern jene des Spessarts, würden (wieder) zu Buchenwäldern werden, würde der Mensch nicht zugunsten der Eiche eingreifen.

Bei der mitteleuropäischen Eiche haben wir es, wie bei der Linde, mit zwei verschiedenen Arten zu tun: Die Stieleiche (*Quercus robur*) erkennt man an den ungestielten (!) Blättern und den Eicheln, die an einem langen Stiel hängen. Die Traubeneiche (*Quercus petraea*) macht es andersherum, sie hat gestielte Blätter und ungestielte Eicheln.

Von Natur aus hätten Eichen es schwer, sich in den Wäldern Mitteleuropas zu behaupten. Vitale Baumart ist hier die Buche: sie verträgt Schatten sehr gut. In geschlossenen Buchenwäldern wachsen junge Buchen im Halbschatten der alten heran, sodass eine Buchengeneration auf die andere folgt. Eichen hingegen sind lichthungrig, sie wachsen nicht gut im Halbschatten. Die Konkurrenz mit der Buche gewinnen die Eichen nur auf besonderen Standorten.

Stieleichen behaupten sich gegenüber der Buche in feuchten Auwäldern und auf lehmreichen Böden, die sie besser durchwurzeln können. Die Traubeneiche hingegen kann Trockenheit gut aushalten, besser als die Buche. Traubeneichenwälder haben in den letzten Jahren zugenommen, weil in der Forstwirtschaft der Aufbau von klimastabilen Wäldern forciert wird.

Die Eiche auf freier Flur, die Linde als Mittelpunkt des Dorfes, die starke Eiche als männliches Symbol, die nährende Linde als weibliches – um und im Dorf erinnern uns Bäume an die ihnen zugeschriebenen Eigenheiten. Die Geschichte der Eiche als „deutscher" Baum hat ein dunkles Kapitel. Ihre Stärke und Widerstandskraft wurde im Nationalsozialismus als Symbol für den nationalen Charakter vereinnahmt. Doch das neu erstandene demokratische Deutschland eignete sich nach dem Krieg die Eiche wieder anders an, als Symbol der Hoffnung, mit dem Motiv der jungen Frau auf der Pfennigmünze, die ein Eichenbäumchen pflanzt.

Die Tempelwächter

Die Paarung weibliche Linde-männliche Eiche gibt es schon seit der Antike. Der römische Dichter Ovid besang den Mythos von Philemon und Baucis. Ein Thema, das auch andere Dichter aufgegriffen, wie Goethe in seinem „Faust II".

Die Götter Jupiter und Merkur wanderten durch Phrygien. In der Stadt gewährte ihnen niemand Nachtquartier, lediglich das alte Paar Philemon und Baucis am Stadtrand gewährte Gastfreundschaft in seiner bescheidenen Hütte. Das alte Paar erkannte schließlich die Identität seiner Gäste, weil der Wein im Krug nicht zur Neige gehen wollte. Aus Dankbarkeit verwandelten die Götter die Hütte in einen Tempel, Philemon und Baucis hüteten den Tempel, als Priester und Priesterin. Die ungastlichen Häuser der Stadt

versanken im Sumpf. Den Alten wurde auch der Wunsch
erfüllt, gemeinsam zu sterben, damit keiner in des anderen
Grab schauen müsse. Nach ihrem Tod lebte Philemon als
Eiche fort, Baucis als Linde. Ihre Zweige umfingen einander, sie wisperten sich Liebesworte zu.

Die Kirchturmwächter

Sollen dich die Dohlen nicht umschrein, musst nicht Knopf auf dem Kirchturm sein.
Goethe

Ungefragt einziehen – damit macht sich keiner beliebt: so auch die Dohlen-Hausbesetzerszene im Kirchturm. Und wie sie aussehen, die Dohlenwohnungen – überall schlampige Nester, unordentlich zusammengesteckte Zweige, die dann gern am Fuß des Turms im Friedhof landen. Manches Schaf muss ein paar Locken lassen, gezupft von Dohlen, zum Auspolstern der Nester. Auch Pferde- und Kuhschwanzhaare werden gerne genommen.

Trotzdem gibt es keine g'schlamperten Verhältnisse bei den Dohlen – nein, Dohlen sind treu, sie leben in lebenslanger Einehe. Oft sieht man die Vögel pärchenweise am Kirchturm sitzen und zärtlich schnäbeln. Später zieht die ganze Dohlen-WG auf die Wiesen und Weiden rings ums Dorf, wo sie sich mit der Verwandtschaft, den Saat- und Rabenkrähen, zusammenfinden. Im Spätsommer sind auch die Jungen im Schwarm mit dabei. Man kann sie an den dunkelbraunen Augen ausmachen, während die Alten ein leuchtend weißblauer Augenring schmückt. Dohlen sind Allesfresser; ernähren sich im Winter vor allem von Pflanzen und Samen, im Sommer kriegen die Jungen Käfer, Raupen, Wildbienen, Fliegen. Sie gehen auch gerne an Aas. Sie drehen Stöckchen und Steinchen um und holen sich die Insekten darunter heraus. Die Dohlengruppe bietet Schutz bei der Nahrungssuche, vor den größeren Krähen und weil einzelne Vögel immer nach Hauskatze, Marder und Habicht Ausschau halten.

Dohlen sind kleiner als Kolkraben, Saat- und Rabenkrähen. Mit ihrem Wackelgang sehen sie aus, als ob sie kurz vor einer Hüftoperation stünden. Von anderen Rabenvögeln unterschieden werden können sie auch ohne Hinzuschauen durch ihren Ruf. "Kjäck, kjäck"; kurz und knackig tönt es im Flug aus dem Schwarm.

Ihr lateinischer Name *Corvus monedula* baut uns Eselsbrücken zu ihrem Aussehen: *Corvus,* der Rabe; *monedula,* das Mönchlein, wegen des grauen, im Rückenlicht hell leuchtenden Hinterhaupts, das wie eine Tonsur aus dem schwarzen Federkleid heraussticht.

Dohlen sind in Europa weit verbreitet– nur im hohen Norden fehlen sie. Sie kommen auch vom Baikalsee in Russland bis nach Nordafrika vor. Sie brauchen Höhlen zum Brüten, nehmen gerne Spechthöhlen in Parks und Wäldern. Auch Nischen in Felswänden sind nesttauglich. Der Kirchturm ist ein guter Brutfelsen für den Koloniebrüter Dohle. Das hat ihr auch den Namen Turmkrähe eingebracht.

Dohlen sind einfallsreich. Eine Dohle wurde gesehen, die am Kopf eines geduldigen Hirschkalbes an Ohren und Augen nach Zecken und andere Parasiten suchte.

Rabenvögel sind nicht immer beliebt, Saatkrähen auf Bäumen in Städten oft als eine Plage angesehen. Dohlen werden eher gemocht, sie sind hübsch mit ihren blauen Augen, lustig mit ihrem Wackelgang und treue Partner, die gerne zu zweit auftreten. Außerdem stehen sie in Konkurrenz zu den ungeliebten Tauben im Kirchturm. Zumindest so lange, bis ihre Jungen ausfliegen. Dann verlassen sie den Turm, um mit anderen Rabenvögeln auf Bäumen am Seeufer die Nacht zu verbringen, auf die sie ums Finsterwerden einfallen.

Molasse und Moräne

Fichten

Weltklassesprinter
Feldhase

Knäuelgras

Rot- und Schwarzmilan

Murnau-Werdenfelser
Schönheit

Kirchturmwächter Dohle

Eiche im Feld...

...Linde im Ort

Bald in der Luft:
junger Mauersegler

Die Verhasste: Thuja

Die Ungeliebte: Taube

Von grün nach rot im
Herbst

Stockrose

Drüsiges Springkraut

Theater am Vogelhäuschen   Sperber

Hier im Prachtkleid:
der Prachttaucher

Misteln am Baum

Schwarzerle

Riagsä

Die Dauersegler

No bird soars too high if he soars with his own wings.
Ein Vogel steigt niemals zu hoch, solange er mit seinen eigenen
Flügeln fliegt.
William Blake

Für Leute, die schon ein paar Jährchen auf dem Buckel haben, gehörten die schrillen Rufe der Mauersegler immer zu einem schönen Sommertag. Für die Jungen heute kreisen nur fünf, sechs oft stumme Mauersegler um den Kirchturm im Dorf und draußen über dem See. In Murnau, im Obermarkt, hört man gelegentlich Rufe von überfliegenden Seglern. Manch einer erkennt ihr Kreischen, ohne erst in den Himmel schauen zu müssen.

Oedi-pus ist der Schwellfuß, *A-pus* ist der Fußlose. Letzteres ist auch der wissenschaftliche Name des Mauerseglers: *Apus apus.* Es war Aristoteles, der ihn Apus nannte, denn ein Vogel, der so gut wie sein ganzes Leben in der Luft verbringt, brauche keine Füße. Mit ersterem hatte er recht, mit letzterem nicht. Mauersegler haben Füße, mit denen sie sich an Felswänden festkrallen, bevor sie sich fallenlassen und die Flügel ausbreiten. Von den vier Zehen sind drei nach vorne gerichtet, mit ihnen stoßen sie sich vom Boden ab, sollten sie einmal dort landen. Lange Zeit dachte man, ein Mauersegler könne sich vom Boden nicht mehr in die Luft stemmen. Heute weiß man, mit Hilfe der Füße und der Flügel können sie sich leicht vom Boden in die Luft erheben.

Literatur-Nobelpreisträger Peter Handke begeisterte den Feuilletonisten der Süddeutschen Zeitung mit seinen Worterfindungen: „Verb zu einer Schwalbe hoch im Himmel: Sie sichelt." Was da aber „sichelt", ist keine Schwalbe, sondern ganz typisch ein Mauersegler. Schwalben – Mehl- und

Rauchschwalben – segeln und flattern. Die Himmelssichel unserer Breiten ist der Mauersegler.

Handke wuchs in den vierziger Jahren auf dem Dorf in Kärnten auf. Er pflegt das Image des Waldläufers und Sammlers von ausgefallenen Pilzen. Trotzdem verwechselt er Segler und Schwalben – so wie es viele seit langer Zeit, von der Antike bis in die Neuzeit, immer wieder taten, wegen der ähnlichen Gestalt der Vögel und ihrer „luftigen" Lebensweise.

Von dem Augenblick an, an dem ein flügger Mauersegler sich von seiner Bruthöhle in die Tiefe fallen lässt, verbringt er die folgenden drei Jahre in der Luft, wo er frisst, schläft und sich schließlich auch paart. Die schrillen Rufe der Segler über Stadt und Dorf sind selten geworden, ihre Geschwader oft nur noch kleine Trupps von vier, fünf Vögeln. Mauersegler als typische Bewohner der Häuserschluchten unserer Städte, der Mauerritzen und -Löcher haben in den letzten Jahrzehnten um gut die Hälfte abgenommen.

Von den Bauten der Menschen hatten die Segler über Jahrtausende profitiert. Sie sind Felsenbrüter; in Spalten und Ritzen von Türmen, Häusern und Mauern ziehen sie ihre Jungen auf. Finster und feucht ist es dort, die Jungvögel oft geplagt von der Lausfliege. In ihrem Kehlsack bringen die Eltern unablässig Futter herbei – bis über 1000 winzige Fliegen und Spinnen in einem Mal. In der Luft fangen sie auch Grashalme, Blätter, Federn und Papierschnipsel, das Luftplankton, speicheln alles ein und kleben daraus ihr Nest. Dabei sind sie nicht allein: Mauersegler sind Koloniebrüter.

Wenn das Wetter schlecht ist und keine Insekten fliegen, brechen für Junge und Alte Hungerzeiten an. Sie fallen in eine Kältestarre, den Torpor, in dem sie ihren Stoffwechsel herunterfahren, den Energieverbrauch herabsetzen. Junge

Segler können bis zu vierzehn Tage hungern, alte bis zu vier Tage.

In rasendem Flug stachen Mauersegler treffsicher durch Schlitze in der Mauer hinein zu den Nestern, auf der Südseite eines modernen Gebäudes in Bozen, wo ich früher lebte. Wie heiß mag es im August da drinnen gewesen sein? Vierzig Grad, fünfzig Grad? Wie nur überleben die Jungen solche Temperaturen? Hitze, Kälte, Hunger und Parasiten: In der Mauerseglerkindheit geht es hart zur Sache.

Luft-Nummer

Ein Vogelbeobachter muss nicht verrückt sein – aber es hilft: Stunde um Stunde durch Fernglas und Spektiv starrend, mit schmerzenden Armen und verspanntem Kreuz; im Morgengrauen, in der Kälte, in der Hitze, im Regen.

David Lack (1910-1973) war so ein Vogelfreak: *Mad keen on birds* – vogelverrückt, nannte ihn eine Freundin. David war Chef des Edward-Grey-Instituts für Feldornithologie der Universität Oxford, einer Hochburg internationaler Vogelforschung. Aus seiner Feder stammen das Standardwerk über Darwinfinken auf Galapagos, ein Klassiker über das Rotkehlchen und schließlich Geschichten über die Mauersegler, und zwar über jene im Turm des Naturkundemuseums von Oxford vor seinem Fenster. *Swifts in a Tower* heißt das Buch, in dem er alle Aspekte ihres Lebens beschreibt. Um seine Studienobjekte besser beobachten zu können, installierte er spezielle Nistboxen für die Segler. Dem Professor gelang es aber nie, die Vögel bei der – vermuteten – Paarung in der Luft zu beobachten. Um dieses Rätsel zu lösen, tat sich Lack mit einem anderen Vogelverrückten zusammen, mit Hans Arn aus Solothurn in der Schweiz, der ebenso Mauersegler und deren enge Verwandte, die Alpensegler, über Jahrzehnte beobachtete. Lack besuchte den Kollegen in Solothurn. Nach tagelanger Piep-Show musste er es einsehen: keine *copula* diesmal. Zwei Jahre später vermeldete Arn dann doch: „Das Weibchen flog in Linie, das Männchen setzte sich von oben auf ihren Rücken, die beiden Kloaken fanden sich …Während des Aktes flog das Paar über eine Strecke von zehn Metern zusammen."

Die Oxford-Studie über Mauersegler im Turm läuft ununterbrochen seit 1947, sie hält den Dauerrekord für eine einzelne Vogelart. Als ich letzten August in Oxford war, sah ich noch Mauersegler am Himmel, kurz vor ihrem Wegzug ins Winterquartier, und, ja – sie flogen in den ikonischen Turm des Naturkundemuseums, Mitglieder der seit Jahrzehnten hier herrschenden Mauerseglerdynastie.

Dämmerungsflüge

Helen MacDonald aus England landete einen Bestseller mit *Vesper Flights - Dämmerungsflüge*, einer Sammlung von Natur-Essays mit weitem Themenpanorama.

Mauersegler sind es, die in den namengebenden Dämmerungsflügen bis auf 3000 m Höhe steigen, um Stunden später wieder Richtung Erde zu fallen. MacDonald zeichnet nach, welcher Kniffs und Tricks Forscher sich bedienten, um dem Treiben der Vögel zwischen Abend- und Morgendämmerung auf die Spur zu kommen. Die Holländer waren da besonders kreativ.

Im Jahr 1979 studierte Luit Buurma – Pilot, Ökologe und Experte für Vogelschlag an Flugzeugen – die großen Vogelschwärme über dem Ijsselmeer mit Hilfe eines Radarschirms. Mauersegler aus Amsterdam jagten in der Dämmerung tief über dem Wasser nach frisch geschlüpften Mücken, ähnlich den Schwalben.

Kurz nach 22 Uhr begannen sie in die Höhe zu steigen, sodass sie bald nur noch auf dem Radar zu sehen waren. Nach Mitternacht ließen sie sich wieder herunter zum Wasser sinken, um dort wieder zu fressen. Vor der Morgendämmerung starteten sie wieder in die Höhe – zwei Mal täglich fliegen sie also auf Zugspitzhöhe, um sich wieder herabsinken zu lassen. Warum tun Mauersegler das?

Adriaan Docter, ein Meteorologe, fügte weitere Teile dem Vesper-Puzzle der Segler hinzu. Auf dem Wetterradar beobachtete er, wie die Vögel die „konnektive planetarische Grenzschicht" durchstießen. Hier schafft die vom Boden aufsteigende Wärme fallende und steigende Luftströme, hier entstehen Kumuluswolken. Die Vögel prüfen Temperatur und Windgeschwindigkeit, um sich energieschonend weit in den Himmel hinauf zu „sicheln".

Mauersegler orientieren sich, laut Adriaan Docter, durch komplexe ineinandergreifende Ausrichtungen ihres inneren Kompasses. Sie bewerten die Position der Sternbilder, kalibrieren ihren Magnetkompass an den Linien des Erdmagnetfeldes und bestimmen ihre Position mithilfe des polarisierten Himmelslichts, das in der Dämmerung am deutlichsten zu sehen ist. Sterne, Winde, polarisiertes Himmelslicht, Magnetlinien, über 100 km entfernte Wolkentürme am Horizont, kalte und warme Luftschichten – die erstaunlichen Mauersegler schaffen sich ihre eigene Land-, Luft- und Wetterkarte.

Wohin blasen sie die Stürme, wie finden die Vögel ihre Nester wieder? Bei der Bewältigung solcher Aufgaben passieren gern Fehler. Doch sind Mauerseglerin in der Gefahr nicht allein: Abends steigen sie im Schwarm auf, sinken dann aber allein zurück; in der Morgendämmerung ist es umgekehrt. Es ist die Schwarmintelligenz, die die Fehler auslöscht, die einzelne Segler machen. Sie beziehen sich im Flug aufeinander, wobei sie nicht mehr als zwei oder drei Nachbarn im Blick behalten. Dieses *many wrongs principle* (Prinzip der vielen Fehler) wurde in der berühmten Studie über die Starenschwärme in Rom erforscht.

Der Flug ist das Ziel

Wo ist die Heimat der Mauersegler, wo gehören sie hin? Ist es ihre Bruthöhle, zu der sie immer wieder zurückkehren? Das Brutgebiet, wo sie nur eine verlängerte Sommerfrische verbringen, von Mai bis August? Oder ist es ihr Wintergebiet im Kongobecken oder in Subsahara-Afrika? Oder ist der Flug das Ziel, sind es die ungezählten Stunden in der Luft, an zahllosen Tagen, oder ist es das Pendeln über Tausende von Kilometern von Europa über die Sahara hinweg und zurück?

Halb-Schlaf

Wie Mauersegler schlafen, ist immer noch nicht ganz geklärt. Eine Annahme besagt, sie schlafen mit einer Gehirnhälfte – das halbe Hirn schläft, das andere peilt Wind und Wetter, sieht andere Mauersegler. Wahrscheinlich schlafen Mauersegler aber auch mit beiden Gehirnhälften, und zwar in den großen Höhen der Vesperflüge. Dieser Schlaf dauert nur wenige Sekunden; die Vögel sinken dabei ab. Die nur Sekunden dauernden Sinkflüge zur Erde sind vermutlich ihre „beidhirnigen" Schlafphasen. Genau weiß man's nicht, denn wer beobachtet schon Vögel nachts, auf dreitausend Metern Höhe? Einen gab es, einen Piloten im Ersten Weltkrieg, der auf einem Erkundungsflug in einer Mondnacht seinen Motor ausschaltete und sich in großer Höhe plötzlich von Vögeln umgeben sah, die lautlos und reglos schwebten – schlafende Mauersegler im Mondlicht.

Es ist Badeurlaub an der toskanischen Küste, in Talamone, zu Zeiten der Etrusker ein bedeutender Hafen. Über dem Strand steht einer der vielen steinernen Wachtürme, die zwischen dem 15. und 18. Jahrhundert vor Einfällen türkischer Piraten warnen sollten. An der hundertdreißig Meilen langen Küste steht alle drei Meilen ein Turm. Viereckig, aus Stein, mit breitem Sockel, nicht höher als fünfzehn Meter; jeder davon mit Nistmöglichkeiten für Kolonien von

Mauerseglern. In Talamone hörten wir die Schreie der Vögel den ganzen Tag, sahen die Geschwader um die Türme jagen, nach Mücken, Fliegen und Spinnen haschend, die von Aufwinden an den Mauern nach oben getragen wurden.

Am nächsten Tag war das Wetter schlecht, wir Urlauber saßen in Handtücher gehüllt am Strand und schauten auf die Schaumkronen der Wellen. Hinter uns fehlte der Soundtrack der letzten Tage, die Mauersegler waren verschwunden.

Saßen sie in den Nestern bei den Jungen, langsam in den Torpor verfallend, da in der kalten Luft die Insekten fehlten? Oder ließen sie sich am Rand des Tiefdruckgebiets in Ausweichflügen über halb Europa schleudern, sich in der warmen Luft an seinem Rand den Kropf füllend, um damit bald wieder zu ihren Jungen zurückzukehren? Mauersegler, die rätselhaften Luftgeister.

Die Farben der Malven

Rose ist eine Rose ist eine Rose.
Gertrude Stein

Es gibt Romane, die man gelesen haben „muss", bevor man stirbt: *Der Mann ohne Eigenschaften, Die Brüder Karamasow* oder *Auf der Suche nach der verlorenen Zeit.* Leute, die Romane lieben, haben oft lange Listen von mehrhundertseitigen Klassikern, die sie zu Lebzeiten abzuarbeiten versuchen.

Vor dem Schicksal, Marcel Prousts *Suche nach der verlorenen Zeit* zu lesen, bewahrte mich Fritz J. Raddatz, einst einflussreicher Feuilletonist und Kritiker in der *Zeit* und *FAZ,* heute fast vergessen. In seinen Tagebüchern beklagte er sich bitter über Proust, durch dessen Roman er sich in seinem Ferienhaus auf Sylt arbeitete: „Schwer erträgliche geschmäcklerische Zierlichkeit, …eine Sprache der Gesellschaftsklatschspalten, …Dekor-Sprache." Raddatz regte sich auf über seitenlange Ergüsse zu Verwandtschaftsverhältnissen französischer Adliger bis in die vierte Generation, und, vor allem, über die Proustschen falschen Farbnamen von Onyx, Hortensien und Malven. Der Blumenkenner Raddatz weiß, dass es kein „hortensienfarben" gibt, denn „Hortensien gibt es in vielen Farben". Er ärgert sich über Onyx-Farben, denn er selber habe „Manschettenknöpfe sowohl aus schwarzem wie aus braun-beigem Onyx." Vor allem echauffierte der Kritiker sich über die „ewig wiederholte Mauve-farbe, obwohl Mauve Malven heißt und es Malven in VIELEN Farben gibt."

Stockrosen (*Alcea malvea*) sind Rosen nur im kulturellen Sinn. Botanisch sind sie Malven-Verwandte. Und die vielen Farben der Malven, von schwarz über violett, lila, rosa, rot, cremefarben und weiß tauchen auch bei der Stockrose auf.

Es gibt viele „Rosen", die keine sind; eine häufige, auffällige oder zarte Blume heißt gern Rose, als Metapher und Symbol für Schönheit – Alpenrose, Christrose, Schneerose, Buschwind- oder Adonisröschen.

Die Stockrose ist die Zier der Bauerngärten, stämmig, groß und etwas derb. Stockrosen werden auch Bauernrosen genannt, sie sind frei von „geschmäcklerischer Zierlichkeit", um es mit Fritz. J. Raddatz zu sagen. Nach der ersten Blühsaison kommen sie im zweiten Jahr wieder, treiben meterhoch aus einer Blattrosette am Boden, mit großem kräftigem Stängel, mit behaarten rauen Blättern und den auffallenden Blüten, die im Spätsommer über den Gartenzaun hängen und die Vorübergehenden erfreuen.

Die Stockrosen der Gärten sind in Europa weit verbreitet. Wilde Formen kommen am Balkan vor, im Östlichen Mittelmeerraum und in Kleinasien. Die Stockrose ist aus einer Kreuzung von verschiedenen Wildformen hervorgegangen. Ein ungezähmter Elternteil ist die Wilde Malve oder Eibisch (*Althaea officinalis*), ein anderer die Blass-Pappelrose (*Alcea biennis*), eine weitere „Rose" vom Balkan. Von ihrer Ahnherrin, der Wilden Malve, stammt wohl auch die Heilwirkung der Stockrose, die zu ihrer weiten Verbreitung in Europa und Asien beigetragen hat. Sie soll die Schleimbildung bei Erkältungen anregen, wird bei Magenproblemen und Blasenentzündung eingesetzt.

Die Ungeliebten

Der Frühling, der dringt bis ins innerste Mark
Beim Taubenvergiften im Park!
Aus einem Lied von Georg Kreisler, 1955

So ein tödlich-böses Lied kann nur ein Wienerlied sein! Unbeliebt sind Tauben, die „Ratten der Lüfte" aber nicht nur in Wien. Am Markusplatz in Venedig kauften uns die Eltern in unserer Kinderzeit Körner zum Taubenfüttern. Heute wäre das ein Anachronismus wie Leopardenfellmäntel oder Krokohandtaschen.

Im Kirchturm von Riegsee wohnen die Dohlen. Im Vorbeigehen blicke ich hinauf zu Dachfirst und Mauernischen. In den letzten Jahren sind es immer öfter Straßentauben, die den Dohlen die besten Plätze streitig machen, nicht immer mit Erfolg. Vor zehn, fünfzehn Jahren waren Straßentauben in unserem Dorf noch nicht so zahlreich. Im Sommer 2023 saßen 20 Tauben auf dem Kirchdach, einzige andere Vogelart dort oben war der Wetterhahn. Ich bin gespannt, ob Dohlen oder Tauben letztlich den Kirchturm für sich erobern werden, oder ob sich sie arrangieren.

An einem Stadeltor hängt die letzte Dorfzeitung, mit Foto von Tauben auf einem Dachfirst, im Hintergrund der Kirchturm von Aidling. Ich zähle 23 Vögel, sie scheinen nach den Stuben der Dohlen im Kirchturm zu schielen. Warnung und Mahnung im Gemeindebrief: Tauben werden immer mehr, beschädigen Gebäude, übertragen Krankheiten. Fazit des Bürgermeisters in unserem kleinen Dorf: Tauben füttern verboten! Und es ist wohl so: Der einzige Weg, Taubenpopulationen zu reduzieren, ist, die Fütterung einzustellen.

Vom Wildtier zum Haustier zum verwilderten Haustier

Vor ein paar Tausend Jahren im Vorderen Orient brüteten Felsentauben in Felsnischen. Siedlungen waren rar. Auf einmal gab es neue Felsen mit Nischen, Höhlen, Löchern – und reichlich Futter. Menschen hatten begonnen, Dörfer und Städte zu bauen Die Felsentaube (*Columba livia*) zog mit ein in die Häuser. Sie war gern gesehen – Taubeneier und Nestlinge waren ein willkommener Snack für die Menschen.

Die ältesten Taubenreste fand man in einem Jägerlager in einer Höhle im Vorderen Orient, wo Menschen schon vor 10.000 Jahren Tauben gegessen hatten.

Bald bauten die Bewohner der Städte und Dörfer Taubenschläge für die schmackhaften Felsentauben. Ihr Kot war als Dünger begehrt. Die Menschen förderten, bewusst oder unbewusst, besondere Merkmale: geringe Scheu, rasches Wachstum, hohe Produktivität an Eiern und Jungen – die Felsentaube war domestiziert, zu einem Nutztier geworden. Ihr Genpool war durch die züchterische Lenkung verändert. So entstehen Haustiere, die sich mit der Zeit von der Stammform unterscheiden.

In der Frühform der Haustierwerdung, als die Haus-, sich von den wilden Felsentauben noch nicht groß unterschieden, entflogen manche dem Taubenschlag, lebten frei zwischen den Häusern und auf den Straßen. Sie verwilderten und entzogen sich so der weiteren menschlichen Zucht. Schließlich verbreitete sich die Straßentaube in Siedlungen um die ganze Welt. Einmal Haustier und zurück: Die Straßentaube ist die verwilderte Form der domestizierten Felsentaube.

Ratten der Lüfte

Taubenfreunde behaupten, Straßentauben seien Haustiere und müssten gefüttert werden. Manche wollen Tauben in Taubenhäusern konzentrieren und dort füttern. Das würde andere Plätze entlasten. Daniel Haag-Wackernagel, Professor für Biologie in der Medizin und Taubenforscher, meint hingegen: Die Taube ist ein Tier, das zwar von einer domestizierten Art abstammt, aber wieder zum Wildtier geworden ist. Sie hat freie Partnerwahl, sucht sich ihren Aufenthalt selbst, ist in ihrer Umgebung starkem Selektionsdruck ausgesetzt. Nur beim Futter ist sie vom Menschen noch abhängig. Auch zum Verhungern der Tauben ist Haag-Wackernagels Standpunkt klar: Im Winter ist Nahrung für alle Wildtiere knapp, viele Jungtiere sterben. Der Tod von Wildtieren ist ein wichtiger Regulationsfaktor. Die Fütterung der Straßentaube produziert ein Massentierphänomen – und das sei unnatürlich.

Geliebte Taube

Im Christentum hat die Taube vielfache symbolische Bedeutung. Eine Taube, von Noah ausgesandt, zeigte das Ende der Sintflut an; sie kehrte mit einem Ölzweig im Schnabel zurück. In alten Bauernstuben schwebt der Heilige Geist als weiße Taube von der Decke, geschnitzt im Strahlenkranz: die weiße Taube, Symbol der körperlosen Geistigkeit

Kommt ein Vogel geflogen, mit dem Brieflein im Schnabel. Der legendäre Orientierungssinn der Taube führt dazu, dass sie, wo immer sie freigelassen wird, über Hunderte von Kilometer in den heimatlichen Taubenschlag zurückfindet. Tauben orientieren sich am polarisierten Himmelslicht und durch ihren Magnetsinn, der von Eisenteilchen in ihrem Schnabel kommt.

Wer sein Arbeitsleben tief in der Erde im Dunkeln verbringt, erfreut sich wohl besonders an Lebewesen, die hoch in die Luft fliegen. Die Brieftaubenzucht der Bergleute gehört heute in Nordrhein-Westfalen zum „Immateriellen Kulturerbe", anerkannt von der UNESCO. 30.000 Züchter erzielen bei Taubenauktionen hohe Preise, bis zu mehreren

Zehntausend Euro. Es ist nicht das Geld, das sie bewegt –
man hofft es zumindest – es ist die Faszination der fliegen-
den Orientierungsgenies.

Hass auf die Hecke

Muss man sich diesen Anblick gefallen lassen?
www.1.2.3.recht.de

Was hat die Thuja in dieser Schrift verloren? Thujen sind doch nicht Natur? Oder zumindest nicht richtig? Oder wenigstens nicht in Form einer dieser berüchtigten Hecken? Es lohnt, einmal einen Blick auf den Baum zu werfen.

Die Thuja (*Thuja plicata*), die Rote Zeder, wie sie in ihrer Heimat heute genannt wird, kommt von weit her, von dort, wo die größten Bäume wachsen. Und sie selber wächst auch zu einem gewaltigen Baum heran, bis zu 70 Meter hoch; wenn man sie lässt, wird sie bis zu 1000 Jahre alt. Sie ist ein Baum des borealen Regenwaldes an der Pazifikküste Nordamerikas, der sich von Kalifornien über Oregon bis nach Britisch-Kolumbien in Kanada zieht. Hier stehen die größten Bäume der Welt. Mammutbäume, bis über 100 Meter hoch, bis zu 3000 Jahre alt, Hemlocktannen und Sitka-Fichten. Dazwischen die Thuja, die Rote Zeder, sie ist, wie die anderen Bäume in diesen Wäldern auch, ein immergrüner Nadelbaum. Die Nadeln der Thuja sind allerdings zu kleinen Schuppen geschrumpft, die auf den Zweigen wie kleine Dachziegel übereinander gestapelt sind.

Warme Meeresströmungen lassen feuchtwarme Winde am Küstengebirge aufsteigen, die Luft kühlt sich mit der Höhe ab, wird zu Nebel und Regen. Es regnet, regnet und regnet, der mittlere Jahresniederschlag beträgt im Reich der Thuja 3000 mm (Jahresniederschlag in Bayern 933 mm). Unter dieser Brause wollen die Bäume gar nicht mehr aufhören zu wachsen. Sie verstehen sogar, mit ihren Nadeln und Zweiglein Feuchtigkeit aus dem Nebel zu kämmen.

Kanu und Regenhut

Keine andere Pflanze, kein Tier, nicht einmal der Schwertwal, spielte in der Kultur der Küstenindianer eine solche Rolle wie die Thuja. Historiker nennen diesen Baum den Grundpfeiler der Kultur der Nordküstenindianer. Das aromatische, weiche, aber sehr dauerhafte Holz war ihr wichtigster Bau- und Werkstoff; andere Hölzer waren härter und nicht so leicht zu bearbeiten, oder sie faulten bald im feuchten Klima.

Aus der Roten Zeder sind die großen bemalten Totempfähle geschnitzt, die den Eingang der Langhäuser zierten. Manche stehen heute noch, als leicht verwitterte Zeugen der Vergangenheit.

Aus dem faserigen Bast der Thuja flochten die Indianer Körbe, Regencapes und Regenhüte; flauschiger Bast diente auch als Windel für die Kleinsten. Aus dem Bast drehten sie Taue, stark genug, um einen Wal an Land zu ziehen.

Vor der Ankunft der Weißen wurden kaum dicke Bäume gefällt, die Ureinwohner kannten weder Axt noch Säge. Sie beherrschten hingegen die Technik, Planken für den Bau ihrer Boote von den lebenden Bäumen zu schälen. Dazu stiegen sie auf einer Leiter auf die Höhe der gewünschten Plankenlänge, lösten oben die Planke zunächst mühsam vom Stamm, keilten dann das begehrte Stück in voller Länge vom Baum weg, um es letztlich unten abzutrennen. Diese Planken waren die Bauteile ihrer hochseetauglichen Ruderboote, die sie draußen auf dem rauen Pazifik meisterlich zu fahren und in der schäumenden Brandung sicher anzulanden verstanden. Noch heute sind an lebenden Baumriesen vom Rand her überwallte Spuren einst abgelöster Planken zu finden. Diese *culturally modified trees* – diese „kulturell modifizierten Bäume" – werden von den Nachfahren der Ureinwohner verehrt und von Archäologen kartiert.

Kulturkampf am Gartenzaun

Thujen und Thujenhecken lassen bei uns die Volksseele verlässlich schäumen; im Internet werden Kulturkämpfe ausgetragen. Aufgeklärte Stadtmenchen finden Gelegenheit, auf Kleinbürger und Landbewohner hinabzublicken.

Gelegentlich blitzt auch Humor durch, wie hier in der österreichischen Zeitung „Der Standard":

Thujen sind wie Bundesheer-Soldaten
sie stehen unmotiviert in einer Landschaft,
die ohne sie viel schöner wäre,
und können nix dafür,
und jede Diskussion mit denen,
die sie aufgestellt haben,
ist eine verlorene Liebesmüh.

Die Empfehlung darin sollte man sich zu Herzen nehmen. Man übt sich leichter in Toleranz, wenn man in der Thujenhecke sieht, was sie ist: ein kulturell modifizierter Baum.

Die Reise des Drüsigen Springkrauts

Wilde Blumen und gute Freunde kommen immer wieder.
Sprichwort

Im Spätsommer zieht es wieder die Blicke auf sich, das hochgewachsene Drüsige oder Indische Springkraut (*Impatiens glandulifera*). Bis zwei Meter hoch steht es in Gruppen auf feuchten Böden, an Waldrändern, auf Brachen, am Radweg.

Warum indisch oder drüsig, warum „Spring"-Kraut? Die Pflanze kam im 19. Jahrhundert aus dem Himalaya („Indien") nach Mitteleuropa; an den Blattstielen sitzen kleine gestielte Drüsen; die Samen „springen" aus den aufplatzenden Samenkapseln: ein Springteufelchen zur Verbreitung der Samen.

Die Blüten stehen in lockeren Trauben am Stängel. Die Farbe changiert von rot über rosa zu weiß. Wenn man die Blüten der Länge nach durchschneidet, stehen die beiden Hälften spiegelbildlich zueinander. Darin ähneln sie Orchideenblüten – „Bauernorchidee" ist ein volkstümlicher Name des Springkrauts. Ein anderer ist „Balsamine", wegen des starken Dufts und seiner Zugehörigkeit zur Familie der Balsaminengewächse.

Das Drüsige Springkraut wurde 1837 in Mitteleuropa erstmals in Gärten in Dresden ausgesät. Von den Folgen hatte man keine Ahnung, von der Wanderfreude der Pflanze ebensowenig.

Die Samen reifen in keulenförmigen Früchten heran; die platzen bei Erschütterung oder auch spontan und schleudern die Samen meterweit fort. So flogen die Balsaminen auch aus den sächsischen Hausgärten in die Freiheit. Der Ausbreitung des Drüsigen Springkrauts über ganz Europa stand nichts mehr im Wege.

Die Blüten bilden einen aufgeblähten Helm, der in einem kurzen Sporn endet. Darin befindet sich reichlich Nektar, vierzig Mal mehr als in einer vergleichbar großen heimischen Blüte. Klar, dass es Bienen und Hummeln anzieht. Imker trugen daher auch zur Ausbreitung des Springkrauts bei.

Das Drüsige Springkraut lebt nur ein Jahr. Mit dem ersten Frost ist alles vorbei. Die Pflanze hat keine Blattrosetten oder unterirdischen Organe, aus denen sie wieder auskeimen könnte. Da hilft nur, kräftig für Nachwuchs zu sorgen. Eine einzelne Pflanze kann Hunderte von Samen (bis zu 1.000) produzieren. Am Boden hat man schon 30.000 Samen auf dem Quadratmeter gezählt.

Für Biologen stellt das Jahr 1492 eine Zäsur dar. Mit der Landung Kolumbus' auf Hispaniola begann die Ära des „Kolumbischen Austauschs" – der Verfrachtung von Organismen von Amerika nach Europa, Asien, Afrika und umgekehrt. Später geschah ähnliches auch in Tasmanien, Neuseeland und Australien. Berühmt sind dort die verwilderten Hunde, Kamele, Ratten und, vor allem, die Kaninchen. Doch nicht alle Neubürger verändern ihre Umwelt merklich negativ, die meisten sterben bald wieder aus. Andere siedeln sich unauffällig an, wie zum Beispiel der Regenwurm, der in Nordamerika während der letzten Eiszeit ausgestorben war und nach 1500, als blinder Passagier auf den Schiffen der Einwanderer angekommen, zur Neueroberung des Kontinents aufbrach. Im Deutschen heißen Neuankömmlinge zusammengenommen Neobiota, neue Pflanzen heißen Neophyten, neue Tiere Neozooen. Englisch heißen sie alle zusammen einfach *aliens*.

In reifen Ökosystemen haben Neuankömmlinge wenig Chancen, Fuß zu fassen. Zu dicht ist das Netz der etablierten Arten. Anders sieht es auf Ruderalflächen aus, auf den meist brach liegenden Rohbodenflächen auf Kiesbänken, Erdrutschen. In der vom Menschen genutzten Landschaft sind solche Rohbodenstandorte selten. Man findet sie auf Aufschüttungen, an neu ausgehobenen Gräben oder auf Brachen. Hier schaffen es schnellwachsende Aliens nach oben.

Noch vor dem Springkraut steht der Japanische Knöterich an erster Stelle der unbeliebten Neusiedler, er hat in den letzten Jahren Bach- und Flussufer überwuchert. Derzeit ist der bei Schmetterlingsfreunden beliebte, aus Asien stammende Sommerflieder dabei, von den Gärten ausgehend Freiland zu erobern. Auch die Kanadische Goldrute, als aggressiver Neuankömmling leuchtet auf Rohböden.

Man schätzt, dass in reifen Ökosystemen nicht mehr als 5 % der Arten Neobiota sind. Auf Ruderalflächen hingegen machen die Neophyten oft 30 % aus.

„Das Drüsige Springkraut verdrängt einheimische Pflanzen", liest man nicht selten. Doch wie gefährlich ist dieser Alien wirklich für die heimische Flora? Es heißt, dass Bienen und Hummeln heimische Pflanzen vernachlässigen, weil sie sich schon am üppigen Nektar des Springkrauts vollgesogen haben. Zuverlässige Studien dazu gibt es nicht.

Gute Daten zum Konkurrenzverhalten des Drüsigen Springkrauts erhob das Bayerische Landesamt für Land- und Forstwirtschaft im Alpenvorland. Danach beschattet das neue Kraut den Boden nicht so sehr, dass Jungbäume im Aufkommen behindert werden. Geht man in einen Bestand des Springkrauts, sieht man tatsächlich, dass die Pflanzen ziemlich locker stehen und viel Licht auf den Boden lassen.

Manche Fachleute zweifeln, dass Neobiota überhaupt Probleme für unsere Flora machen könnten. Sie meinen, dass die Wanderung von Arten ein natürlicher Prozess sei, dass es eine Verdrängung von Arten immer schon immer schon gegeben habe. Das Problem sei eher, sagen sie, die „Xenophobie" der Neobiota-Gegner.

Xenophobie? Ich sehe vielmehr ein Problem im leichtfertigen Umgang mit diesem Begriff. Xenophobie – Fremdenfeindlichkeit – ist etwas anderes, als der Wunsch, vermeintlich schädliche Pflanzen zu bekämpfen. Argumentativ abrüsten ist auch hier angesagt.

Herbstfärbung

„Vater, was is des?"
„Bua, des san Blaubeeren "
„Und warum san die rot?"
„Weil sie no grian san."

Herbstliches Föhnwetter, strahlender Sonnenschein, gelbe, rote, orange Blätter: Bunt sind schon die Wälder. Zumindest die Laubwälder, denn die meisten Nadelbäume sind immergrün. Manche fragen sich, warum die Wälder jeden Herbst in Flammen stehen, warum das Grün verschwindet. Hat es doch den ganzen Sommer über die Nahrung für die Pflanze hergestellt. Das Blattgrün, das Chlorophyll, nimmt Kohlendioxid und Wasserdampf aus der Luft auf und stellt daraus Traubenzucker und Sauerstoff her. Den Antrieb dazu liefert die Energie der Sonne: Lichtenergie wird so in chemische Energie umgewandelt. Das ist die Photosynthese. Die Pflanze wandelt Traubenzucker dann in viele andere Stoffe wie Zellulose oder Stärke um.

Den Sommer über brummen also die Förderbänder der Traubenzuckerfabrik in den Blattzellen; zum Herbst hin schwächelt das Chlorophyll dann. Schließlich stirbt es ab und siehe da – plötzlich kommen die Farben des Herbstes zum Vorschein. Die roten, orangen und gelben Farbpigmente waren die ganze Zeit da, aber maskiert von der grünen Farbe. Karotene sind orange, Xanthophylle gelb. Auch sie betreiben Photosynthese und unterstützen das Chlorophyll. Wenn letzteres abstirbt, übernehmen sie für eine Weile die Arbeit, so lange, bis die Blätter fallen.

Bäume und Sträucher werfen ihre Blätter ab, damit sie nicht vertrocknen. Nicht die Kälte ist das Problem, sondern die Trockenheit. Bei gefrorenen Böden gibt es kein flüssiges

Wasser, sodass die Wurzeln kein Wasser aufnehmen können. Um dieser „Frosttrocknis" zu entgehen, entledigen Bäume und Sträucher sich der Blätter, jener Organe also, die am meisten Wasser verbrauchen, indem sie es durch Öffnungen verdunsten, die Spaltöffnungen. Bevor die Blätter ganz absterben, pumpen sie Nährstoffe wie Stickstoff in die Pflanze zurück.

Im Frühherbst ist es oft schon kalt, die Sonne brennt aber noch stark. Die Kälte verlangsamt die Photosynthese, die Sonne treibt sie an – da besteht für die empfindlichen Pigmente Sonnenbrandgefahr. Da kommen dann weitere Farbstoffe, die weinroten oder dunkelblauen Anthocyane, zum Einsatz. Sie spielen keine Rolle bei der Photosynthese und werden meist erst im Herbst gebildet. Sie schützen die Zellen der Blätter vor Sonnenbrand. In manchen Pflanzen, wie z.B. der Blutbuche, sind Anthocyane immer vorhanden. Ihre dunkelrote bläulich-violette Farbe leuchtet besonders intensiv in der Sonne.

Die Farbstoffe in den Blättern ähneln in ihrem Aufbau stark den Pigmenten, die wir auch in Blüten und Früchten finden. Anthocyane sind die blauen, violetten, weinroten Pigmente in vielen Obst- und Gemüsesorten: in Radieschen, blauen Trauben, Rotkohl, Roter Beete und Blüten von Kornblume, Geranien, Rosen. Xanthophylle finden wir im Mais, in Sonnenblumen und Pfifferlingen; orange und rote Karotene in Karotten und Orangen, in Ringelblumen und Arnika, in Tomaten. Und darauf eine Bloody Mary!

Bühnenstücke am Futterhäuschen

Das Glück ist ein Vogerl
Österreichisches Sprichwort

Im Winter erstarrt die Natur. An Bäumen ruhen die Knospen, Samen hängen an trockenen Gräsern. Igel und Siebenschläfer ruhen im Winterschlaf. Zugvögel sind fortgezogen in wärmere Gefilde. Doch manche Vögel bleiben den Winter über bei uns, sie bekommen sogar Gesellschaft aus nördlichen Ländern.

Die Gärten werden jetzt vogelgerecht vorbereitet: Vogelhäuschen, Futtersäulen, Meisenknödel, Sonnenblumenkerne, Äpfel, Nüsse. Die Vögel wissen es an frostigen Tagen zu danken und erfreuen den Vogelliebhaber mit immer neuen Aufführungen ihres kleinen Welttheaters. Das Treiben vor dem Fenster ist ein Quell immerwährender Alltagsfreude, voller bunter ästhetisch aufblitzender kleiner Gestalten, immer wieder gleich, immer wieder neu. Die Futterstelle im Garten ist auch Soulfood für den Menschen.

Hier einige Stücke, die am Vogelhaus gerne zur Aufführung kommen:

Angriff aus dem Hinterhalt

Um die Hausecke kommt ein Torpedo geschossen - runde Flügel, lange Schwanzfedern als Steuerruder für das Flugmanöver. In einem Wimpernschlag greift er sich eine Blaumeise. Meist sieht man den Sperber nur noch zwischen Bäumen des Nachbargartens verschwinden. Kleinste Federn des Opfers hängen noch in der Luft. Manchmal sitzt der Greif auf dem Gartenzaun, das Futterhäuschen im Auge.

Das große Fressen

„Mir san die Meahrern" – und auch sonst so ziemlich die Größten an der Futterstelle. Stare hängen in Trauben an den Meisenknödeln, baden in den Sonnenblumenkernen, picken am Boden und lassen die kleineren Mitgeschöpfe nicht partizipieren. Die Dominanz der schwarzen Vögel ärgert den Vogelfreund. Aber nach ein oder zwei Wochen sind die Stare plötzlich fort – ab in den Süden, in die tunesischen Olivenhaine oder sie sitzen auf den *Pini di Roma* mitten in der Stadt, von wo sie geparkte Autos vollkoten, sehr zum Ärgernis der Römer. In Rom war es auch, wo Forscher das Geheimnis der pulsierenden Starenwolken lüfteten, welche die schwarzen Vögel jeden Abend in den Winterhimmel zaubern, ohne dabei zusammenzustoßen. Die Lösung des Rätsels ist einfach: jeder Star im Schwarm orientiert sich nur an den Richtungsänderungen von wenigen seiner Nachbarn. Mehr braucht es nicht, um Hunderttausende in sich immer wieder ändernden Starenwolken zu synchronisieren.

Die Ritter der Kokosnuss

Am flinksten sind die Meisen. Die kleinere Blaumeise dominiert die etwas behäbigere Kohlmeise. Eine Kiefer unweit ist der sichere Hafen der flinken Kleinen, sie sind immer auf der Hut vor Raubfeinden, vor allem dem Sperber. Wenn die Blaumeise aus dem Nadelbaum startet und blitzschnell das drei Meter entfernte Futterhaus anfliegt, rückt die gutmütige Kohlmeise etwas zur Seite und macht Platz. Meisen sind Insektenfresser, doch geschälte Sonnenblumenkerne verschmähen sie nicht. Gerne holen sie sich einen Kern, und bearbeiten diesen im Schutz der Kiefer. Eine halbe Kokosnussschale mit Fett ausgestrichen ist ein besonders beliebtes Buffet für Kohl- und Blaumeisen. Mit ihren Schnäbelchen hacken sie winzige Löcher in die Masse, tanken Energie für den kalten Tag.

Hör mal, wer da hämmert

Der Buntspecht klopft schon wieder am Stamm, der das Futterhäuschen des Nachbarn trägt. Dort hat der Spechtfreund ein Loch gebohrt, in das er täglich eine Walnuss drückt. Man kann die Uhr nach dem Specht stellen. Täglich zur selben Stunde kommt er geflogen und hackt auf die Nuss ein. Beim Männchen leuchtet der rote Fleck am Hinterkopf. Oft hört man die Spechte aus der großen Eiche rufen: „Kick". Das Paar wechselt sich an der Walnuss ab. Dem Weibchen fehlt der rote Hinterkopf, mit dem ihr Mann renommiert.

Die Vögel

Es ist ein kalter Wintertag Anfang März. Ich öffne morgens die Tür, bin am Weg zum Zeitungskasten. In der Luft liegt ein feines Wispern und Pfeifen. Vorsichtig schaue ich zum Futterhaus: dort und am Haselnussstrauch daneben, am Boden im Schnee, in der Krone der Eiche tummeln sich Hunderte kleiner Vögel, Erlenzeisige. Dann ein plötzliches Rauschen und die Schar hebt ab in die Luft, fliegt in die Bäume rundum, beruhigt sich. Bald kommen die ersten Vögelchen wieder zu ihrem Fressplatz zurück.

Die winzigen Erlenzeisige, die Männchen mit den dunklen Köpfchen, gehören zu meinen Lieblingen. Erlenzeisige haben ihren Namen nicht von ungefähr. Sie fressen Samen, am liebsten von Erlen, die sie im Winter in großen Schwärmen aufsuchen. Auf der Suche nach einem ergiebigen Erlenwald kann es schon einmal vorkommen, dass sie einem Hausgarten einen Besuch abstatten.

„In oan kloan Heisele, sitzt a kloans Zeisele…" beginnt ein Tiroler Volkslied. Zeisige erfreuen das Gemüt.

Apokalypse Now

Sie lauert hinterm Busch. Sie liegt still, nur die Schwanzspitze zuckt. Sie fixiert das Treiben am Vogelhaus. Ein Buchfink kommt ihr nahe, fliegt auf, doch die Katze holt ihn mit der Pfote aus der Luft. Zu spät habe ich das Küchenfenster aufgerissen, um einzuschreiten. Der Tod trägt ein weiches Fell.

Beutemachen liegt der Katze im Blut; sie ist ein geschickter Jäger. „Meine Katze weiß, dass sie das nicht darf": Hier versteht jemand das Wesen der Katze nicht.

Vögelchen und Vogelviecher
Manche Vögel sind am Futterhäuschen nicht gerne gesehen: die Bullies wie Rabenkrähen, Elstern und Haustauben. Es sind die großen Verdränger der kleinen Lieblinge, der Finken und Meisen, der Gimpel, des Rotkehlchens oder des seltenen Zaunkönigs. Unsere Gunst ist ungleich verteilt. Der Eichelhäher ist wohlgelitten, wenn er nicht zu oft kommt.

Und wie steht es mit der Fütterung an sich? Ist das nicht ein unerlaubter Eingriff in die „Natur"? Bringt man damit nicht das natürliche Gleichgewicht aus der Balance? Werden die Vögel verweichlicht?

Vogelfütterung war lange Zeit unangefochten, mutierte in jüngerer Zeit zu einem dankbaren Thema für Bedenkenträger; es bildeten sich Meinungslager. Dann kam Peter Berthold, Ornithologe und vormals Chef des Max-Planck-Instituts für Ornithologie in Radolfzell. Berthold ist ein hard-core-Vogelfütterer, er propagiert die Ganzjahres-Fütterung. Laut Berthold tun sich Vögel auch im Sommerhalbjahr schwer, in der modernen Agrarlandschaft genügend Futter für sich und ihre Jungen zu finden. Berthold selbst verfüttert im Sommer 150 Meisenknödel am Tag. Fett und Mehlwürmer fressen die Alten, die Jungen bekommen die Insekten im Knödelfutter. Berthold propagiert den vogelfreundlichen Garten, mit Karden und Disteln und überständigem Gras als Samenvorrat, mit beerentragenden Büschen, Apfel- und Kirschbäumen, die neben dem Fruchtfleisch auch Kerne für Gimpel, Grünling oder Kernbeißer auftischen.

Der Wissenschaftler entkräftet manche Sorge: Vögel werden nicht „abhängig" von der Futterstelle. Bei mildem Wetter verlassen sie die Futterstelle, sie suchen Futter in Wald und Flur. Auch die Gefahr durch Keime aus Vogelkot an den Futterstellen hält Berthold für gering: Kleinvögel haben durch ihren Turbo-Stoffwechsel eine sehr hohe Körpertemperatur, die sie gegenüber Keimen wenig anfällig macht.

Es werden auch nicht nur Allerweltsarten durchgefüttert: Vogelfreaks in England zählten 150 verschiedene Vogelarten an ihren Vogelhäuschen.

Mistel des Miraculix

Die Druiden…achten nichts heiliger als die Mistel…
Plinius der Ältere

Auf dem Winterspaziergang fällt es ins Auge: Die Pappel am Ortsausgang hat Pickel. Nein – es sind Misteln, die auf ihren Ästen sitzen, mit kleinen immergrünen Blättern und weißen, klebrig-gallertigen Beeren dazwischen.

Misteln schmarotzen „halb" – sie haben ja grüne Blätter, mit denen sie aus Wasser, Kohlendioxid und Sonnenlicht selbst ihre Nahrung, den Traubenzucker, herstellen. Sie betreiben also Photosynthese. Für Wasser und Salze, die sich Pflanzen normalerweise aus dem Boden holen, zapft die Mistel den Wirtsbaum an.

Doch wie kommt die Mistel(*Viscum album*) auf den Baum, in luftige Höhe? Dazu gleich, zuerst zu den Samen: Keimende Mistelsamen treiben ihre Wurzeln in den Zweig der Wirtspflanze, durch Borke und Bast bis ins Holz an die Zapfstellen, die Leitungsbahnen des Baumes. Misteln wachsen zu kugelförmigen Gebilden heran mit bis zu einem Meter Durchmesser. Im Winter hängen viele weiße kugelige Beeren zwischen den kleinen grünen Blättern. Eingebettet in klebrigem Schleim, harren in den weißen Kugeln die Samen auf ihre Befreiung. Von selber können sie die dicke weiße Haut nicht durchbrechen.

Das besorgen nun Vögel, die an den Beeren Interesse finden: Sie schicken die Beeren durch ihren Verdauungstrakt, am Ende fällt klebriger Kot mit unverdauten Samen auf Zweige und Äste. Vögel verbreiten Samen auch direkt, wenn sie den klebrigen Beerenschleim vom Schnabel auf Äste putzen, mit Samen darin. So kommt die Mistel in die Baumkrone. Dort wächst zunächst eine kleine Scheibe aus dem Samen, die an der Rinde haftet. Gute Befestigung ist für eine Schmarotzerpflanze in luftiger Höhe wichtig: Eine Senkwurzel dringt ins Holz ein. Damit ist die erste Attacke der Mistel auf ihren Wirt geritten.

Die Misteldrossel trägt ihr Metier schon im Namen; Mistelsamen sind ihre Hauptspeise im Winter. Auch andere Vögel finden Mistelbeeren lecker: Wacholderdrosseln, Amseln oder Wintergäste aus dem Norden, wie Seidenschwänze und Kernbeißer.

In Streuobstwiesen sind Misteln unbeliebte Untermieter auf Apfelbäumen. Auch Ahorn und Linde sind bei Misteln beliebt. Doch erst bei starkem Befall sind Bäume ernsthaft gefährdet.

Runen und Raunen

Wir Älteren, die wir unsere mythologische Grundausbildung aus „Asterix" haben, wissen, dass der Zaubertrank, in den Obelix als Baby gefallen war, vom Druiden Miraculix aus der Mistel gebraut wurde, die er mit seiner goldenen Sichel von den Bäumen geschnitten hatte. Für die Gallier, die Kelten also, war die Mistel die heiligste aller Pflanzen. Jacques Brosse zitiert in seinem Buch „Mythologie der Bäume" (2003) Plinius den Älteren: „(Es)...sollte die Bewunderung, welche man in ganz Gallien dem Mistelzweige entgegenbringt, nicht übersehen werden. Die Druiden achten nichts heiliger als die Mistel. Sie glauben nämlich, was auf diesen Bäumen wächst, sei vom Himmel gesandt..."

Dem Himmel verbunden, den Göttern nah, immergrün ewig – die keltischen Priester, die Druiden, schnitten die Misteln mit besonderen liturgischen Werkzeugen vom Baum, ganz so wie es Miraculix mit seiner goldenen Sichel tat. Über unseren Hauseingängen hängen heute noch gerne Mistelzweige, die einst die bösen Geister vertrieben.

Die Druiden wollten auch bei Epilepsie, dem „Hinfallatn", wie es im Alpenraum heißt, mit der Mistel die

Erkrankten vor dem Sturz bewahren. Die ewig grüne Pflanze sollte auch den Tod zurückdrängen.

Wo Mistel und Druiden, da Esoteriker: Für die ist die gute Mistel auch heute noch das Wunderkraut, das gegen mehr oder weniger alles helfen muss – von der Hysterie über aufgerissene Haut, Frostbeulen und Darmkolik bis zu – natürlich – der Epilepsie. Immer wieder kolportiert, doch nie nachgewiesen, ist die Wirksamkeit der Mistel gegen Krebs. Alternativ, ganzheitlich, sanft soll die Misteltherapie sein; sie weckt Hoffnungen Verzweifelter.

Auch der Brauch des Kusses unter dem Mistelzweig kommt ursprünglich von den Kelten. Wenn sie sich mit ihren Feinden versöhnt hatten, überreichten sie sich Mistelzweige als Zeichen des Friedens.

Am düstern Ort

Siehst, Vater, du, den Erlkönig nicht?
Erlkönig, Goethe

Vom Dorfbadeplatz bis auf die Höhe der großen Schwarzerle am Ufer und zurück – das ist meine Schwimmstrecke an lauen Sommerabenden. Und jedes Mal drängt sich eine Erinnerung aus dem Studium auf: Die Schwarzerle (*Alnus glutinosa*) ist ein Laubbaum in der Gestalt eines Nadelbaums. Die dunkel berindeten Äste biegen sich in einem Bogen vom konischen Stamm nach oben. Die Schwarzerle steht am Wasser oder im Wasser – und das über Wochen, ohne dass ihre Wurzeln leiden. Luftkanäle führen ihnen Sauerstoff zu. Nicht immer bilden Schwarzerlen große Bäume aus, viele Exemplare sind strauchförmig.

Gerundete Blätter mit stumpfem, eingekerbtem Ende bilden die dichte, dunkel glänzende Krone. Im Herbst und Winter fallen die vielen kleinen verholzten Zapfen ins Auge, aus ihnen fallen im Winter winzige geflügelte Samen. Wenn sie austrocknen, können sie nicht mehr keimen. Sie überleben nur auf feuchten Böden.

Erlenzeisige fallen im Winter oft in Schwärmen in Gärten und Wäldern ein, auf der Suche nach Nahrung. Erlenzapfen mit ihren winzigen Samen bieten ihnen ein natürliches Buffet. Deshalb haben die Zeisige den Namen der Nährmutter bekommen. Auch andere Vögelchen mit Winzig-Schnäbeln wie die Schwanzmeisen tun sich gern gütlich an der Schwarzerlen-Tafel.

Außer Erlen suchen die Zeiserln gerne auch Futterstellen in Siedlungen auf. Im Winter 2023 belagerte ein Schwarm von geschätzten 500 Erlenzeisigen für einige Tage die Futterhäuschen im Dorf.

In der Jungsteinzeit siedelten Menschen an manchen Seen der Alpen auf Pfahlbauten. Dort fühlten sie sich sicher vor Angreifern. Ihre Hütten standen auf Pfählen aus Erlenholz, das über Jahrzehnte nicht faulte. Die Erle ist auch noch gut für Mystisches: Der gefällte Baum „blutet", denn bei Kontakt mit Luftsauerstoff färbt sich der Baumsaft dunkelrot.

Die blutenden schwarzen Erlen, wachsend in unheimlichen Sümpfen und Mooren, an toten Gewässern, am stillen Ufer der Seen – hier tanzten die Hexen und die „Irlen", die Erlengeister, trieben ihr Unwesen.

Erlkönig

Um 1800 war das kleine Herzogtum Sachsen-Weimar-Eisenach ein Brennpunkt deutscher Kultur. Das berühmte Vierergestirn der Weimarer Klassik, Goethe (1749-1832), Schiller (1759-1805), Wieland (1733-1813) und Herder (1744-1803) strahlte am Geistesfirmament. Johann Gottfried Herder, Dichter, Theologe, Philosoph, bereitete den Boden, auf dem sich die künstlerischen und wissenschaftlichen Achttausender der anderen in den Himmel erheben sollten. 1778 erschienen Herders *Alte Volkslieder*, 1807, nach seinem Tod, unter dem berühmten Titel *Stimmen der Völker in Liedern* neu aufgelegt. Von Herder stammt der Begriff „Volkslied", er sah die Lieder der Völker als „ursprüngliche menschliche Äußerungen."

Eine aus Dänemark stammende Ballade aus Herders Sammlung, über die Töchter des Erlkönigs, des *Ellerkonge*, weckte Goethes Begeisterung. Er coverte daraus sein berühmtestes Gedicht, den Erlkönig. Franz Schubert erkannte sein dramatisches Potenzial; eines seiner bekanntesten Lieder entstand.

Herder hatte den „Erlkönig" aus dem Dänischen übersetzt. Doch Herder war ein Fehler unterlaufen: der *Ellerkonge* hatte mit Erlen nichts zu tun, er war der Elfenkönig.

Eller war die Elfe und nicht die Erle. In der Heimat Herders allerdings, in Ostpreußen, nannte man die Erle aber Eller. Herder verwandelte also unwissentlich einen ätherischen Elfenkönig in den Kraftkerl Erlkönig. Der kam Goethe mitten in seinem Sturm und Drang gerade recht.

Der französische Schriftsteller Michel Tournier schrieb: „Es ist … nicht sehr wahrscheinlich, dass Goethe sich für den Stoff eines banalen Elfenkönigs interessiert hätte. Aber seine Phantasie entzündete sich an einer so genauen und urtümlichen Darstellung der Erle, denn sie ist der schwarze und unheilbringende Baum der stehenden Wasser. …Die Sumpferle beschwört das Bild der nebelverhangenen Ebenen und des trügerischen Bodens herauf, das Bild eben des Erlkönigs, eines über diesen düsteren Gefilden schwebenden Luftgeistes, der Menschen und vor allem Kinder verschlingt."

Mors tua vita mea

Im Murnauer Moos und an der Olympiastraße stechen die Stümpfe toter Schwarzerlen gen Himmel: Das Erlensterben geht um, die Schwarzerle ist in den letzten Jahren ein Sorgenkind geworden. Schrumpelige gelbliche Blätter, schwarztintige Flecken am Stammfuß –ein Pilz, der sich unter der Rinde ausbreitet, bringt den Baum zum Absterben.

Das verrottende Holz ist Esszimmer und Wohnstube für den schwarz-weiß-roten Weißrückenspecht. Sein Name ist nicht ganz verdient; der weiße „Rücken" ist eher ein weißer Bürzel, der im Flug aufleuchtet. Am Stamm sitzend hat der weitaus häufigere Buntspecht mit seinen ovalen weißen Schulterflecken mehr „Rücken".

Der Weißrückenspecht ist eine Rarität. Er liebt feuchte Mischwälder mit viel Totholz, stehend oder liegend, wo er Insekten, wie z.B. Bockkäfer, aus den Stubben pickt. Feuchtwälder mit viel Totholz sind selten. Die abgestorbenen

Schwarzerlen im Moos halten den Weißrückenspecht über Wasser. *Mors tua vita mea* – dein Tod, mein Leben.

Der Unglücksvogel

Friss, Vogel, oder stirb.
J.N. Weislinger, Strasburg 1723

Grauer Hals, grauer Rücken, graues Winterlicht über grauem Wasser weit draußen auf dem See – ich habe einen Vogel im Spektiv, der, kaum zu glauben, Prachttaucher heißt. Der Prachttaucher (*Gavia arctica*) ist nur im Sommer prächtig, mit seinem schwarzen Rücken mit blendend weißen Streifen, dem bleigrauen Hals, dem roten Auge. Doch zu seiner prächtigen Zeit ist er an seinen Brutplätzen im hohen Norden, auf den Seen in Tundra und Taiga, und nicht im Alpenvorland.

Unsere Seen beehrt der Prachttaucher nur im Winter, er trägt das schlichteste Schlichtkleid, wo nur etwas schmutziges Weiß schwachen Kontrast in sein Gefieder bringt.

„So ein grauer Vogel weit draußen auf dem See, der gibt mir nix", meint der sonst engagierte Kollege von der örtlichen Ornithologenriege. Steinadler und Rohrdommel, ja. Von letzterer hat er am See ein Top-Foto geschossen, als der scheue Schilfbewohner kurz aus der Deckung kam. Doch sogar die schönen bunten Enten geben ihm „nix".

Man kann den Vogelfreund fast verstehen, doch der schlichte Prachttaucher am Riegsee war eines Winters in unser aller Munde, weil er gefangen war in einem Drama.

Es war Ende Jänner, der Riegsee fast zugefroren, die Wasservögel waren fortgeflogen, hinüber zum Kochelsee, der nie ganz zufriert, weil die durchfließende Loisach das Wasser in Bewegung hält. Im letzten Wasserloch, weit draußen am See, blieb unser Prachttaucher zurück, ein einsames Blässhuhn leistete ihm Gesellschaft.

Hier meine Einträge in der online-Datenbank *Ornitho.de.* 20 Jänner: „1 Prachttaucher gefangen im letzten offenen

Wasserloch". 22. Jänner: „Das Wasserloch ist nur noch 7–8-mal so lang wie der Vogel selbst. Immer wieder versucht er zu starten. Zwischen Fluchtversuchen taucht er gelegentlich ab, putzt sein Gefieder".

Seetaucher, zu denen der Prachttaucher gehört, sind starke Schwimmer unter Wasser. Ihre Beine scheinen „zu weit" hinten eingehängt zu sein, das gibt ihnen Turboantrieb bei der Fischjagd. Der Preis, den sie zahlen, ist, dass sie vom Wasser nicht rasch auffliegen können. Sie starten gegen den Wind, brauchen einen langen Anlauf, „laufen" noch eine Zeitlang auf dem Wasser, bevor sie abheben. Das konnte unser Unglücksvogel nicht mehr, das Wasserloch war zu klein. Immer wieder schaffte er es bis auf das Eis hinauf, konnte aber weder laufen noch abheben. Nach jedem misslungenen Startversuch robbte der Prachttaucher auf dem Bauch zu seinem Wasserloch zurück.

Wir beobachteten das Drama vom Ufer aus, es rührte uns das Herz. Rettungsversuche wurden diskutiert, die Verwendung von Leitern. Doch zündende Idee war keine dabei.

Am vierten Tag war das Wasserloch leer. Hatte ein Fuchs den Vogel geholt? Hatte er doch noch den Abflug geschafft? Wir wissen es nicht.

Riag'sä

Es lächelt der See, er ladet zum Bade
Friedrich Schiller, Wilhelm Tell

Radeln rund um den See – das bedeutet hier Abstand halten zum Ufer. Der Riegsee hat lange Strecken, an die Menschen nicht gut herankommen. Die Schilfzonen am Süd- und Nordende sind verbliebene natürliche Gebiete, Refugien für Pflanzen und Tiere.

Der Riegsee ist eine kleine Perle im Diadem der bayerischen Seen, die uns die Eiszeiten beschert haben. Als Toteissee ist er aus einem Stück des zerfallenden Loisachgletschers am Ende der letzten Eiszeit, der Würmeiszeit, entstanden. Heute ist er einer der seltenen Blindseen, hat also keinen Zu- und keinen Abfluss.

„Der See ist zu sauber" sagte mir ein Wasservogelfreund. Für ihn wären ein paar mehr Nährstoffe nicht schlecht. Das würde die Nahrungskette im See anwerfen, meint er: mehr Algen, mehr Kleintiere, mehr Fische, mehr Wasservögel. Wünschen darf man ja! Die vormals viel zu hohe Nährstoffbelastung des Riegsees hat eine Ringkanalisation seit den 70er Jahren gut in den Griff bekommen. Messdaten zeigen, dass der See auch heute noch einiges von den gedüngten Wiesen rundum abbekommt, mehr als andere „zu saubere" Seen.

An manchen Stellen ist der Mensch dem See nahegerückt, mit dem Dorf, einem Gewerbegebiet, zwei Campingplätzen. Es gibt aber noch lange Uferbereiche, wo niemand ans Ufer hinkommt, es sei denn schwimmend von der Seeseite her. Nur über kurze Strecken führt ein schmaler Fußweg im Dorfbereich am Ostufer entlang. Unter besonderem Schutz steht die Nordspitze des Sees mit ihrem Schilfgürtel und den angrenzenden Uferzonen. Sie dürfen nicht betreten und auch nicht „beschwommen" werden. Eine Bojen-Kette sorgt dafür, dass Schwimmer und Boote das Schutzgebiet am See respektieren. Gelegentlich lässt mich eine Flussseeschwalbe auf einer Boje nahe heranschwimmen. Im Wasser bin ich für sie nicht anders als ein Haubentaucher. Der Schutz des Nordendes funktioniert meist gut, nur an schönen Wochenenden hält diese Naturschutz-Maginot-Linie nicht immer allen Störungen stand.

Geschützt sind dort Laichplätze der Fische sowie die besonderen Pflanzen des Uferbereichs. Vögel schätzen das Nordende besonders, es brüten Lachmöwe, Stockente, Kanadagans, Graugans, Haubentaucher, Rohrammer, Blaukehlchen. Unter den Wintergästen sind Silberreiher – ich habe schon 24 Silberreiher auf den Schlafbäumen gezählt – Pfeifente, Reiherente, Schnatterente, Kolbenente und der Eisvogel. Im Herbst und Frühjahr kommen besondere Zugvögel zu Besuch: Bekassine und Zwergschnepfe.

Jedes Jahr im Herbst warten die Vogelkenner gespannt auf einen besonderen Gast. Er ist im Schilf zu Hause und ein Meister der Tarnung - die Rohrdommel (*Botaurus stellaris*) Sie ist ein großer Vogel, der bei Gefahr in Pfahlstellung geht, dabei den langen Schnabel und Hals senkrecht nach oben reckt, und so im Schilf unsichtbar wird. Wenn der Wind die Schilfhalme bewegt, wiegt sich die Rohrdommel mit ihnen. Mit Glück sieht man sie am Wasserrand nach Fischen oder Fröschen äugeln, doch wenn sie einen Schritt ins Schilf zurücktritt, ist sie auch für das schärfste Auge verschwunden.

An einem Sommerabend treffen wir vier junge Männer, sie sitzen in einer Waldlichtung am Ostufer des Sees. Es wird langsam dunkel. Ihre Angelruten hängen ins Wasser, Brotzeit und Bier fehlen nicht. In der Weide hängt ein Aal vom Ast – die erste Beute des Abends. Die netten Fischer outen sich als Kaminkehrer. Ob das beim Angeln Glück bringt? Jedenfalls lernen wir viel von ihnen. „Waller holen sich Jungvögel von der Wasseroberfläche. Vom Frühjahr bis zum Sommer siehst du immer weniger Entenbiberl, die hinter der Ente herschwimmen." Aus der Dunkelheit dringt dumpfes Klopfen vom See herüber. „Die Fischer im Boot da draußen sind beim Wallerklopfen. Waller sind neugierig, sie geraten durch die dumpfen Bässe in Aufregung und schwimmen näher." Für manchen Waller (Wels, *Silurus glanis*) geht das nicht gut aus, wie uns einer der Fischer auf dem Handy zeigt: ein Zwei-Meter-Wels, im Riegsee gefangen. Nach ein paar weiteren Geschichten lassen wir die Fischer im Dunkel der Nacht zurück. Die Unterhaltung war spannend wie die Fischpredigt des Heiligen Antonius von Padua.

Eine Besonderheit macht den Riegsee einmalig: seine schwimmenden Inseln. Der See hat kaum Flachwasserzonen, aber am Ufer Verlandungszonen mit Seggenrieden und Torfmoosflächen, auf denen Erlen, Weiden und Birken ansamen. Diese „schwimmenden Balkone" (Wasserwirtschaftsamt) sind mit dem Untergrund kaum verbunden. Bei Stürmen reißen sie sich los, treiben wie Geisterschiffe über den See, bevor sie irgendwo anlanden.

Im Jahr 2002 trieb ein 100 Meter langes Uferstück mehrmals über den See, strandete dann vorübergehend am Nordufer. 2012 trieb die schwimmende Insel endlich in die Nähe des Aidlinger Badplatzes. Jetzt liegt sie etwas südlich davon, mit Stahlseilen fest verankert.

Bildnachweis

Jens Borchers (Feldhase, Rotmilan, Schwarzmilan, Dohle, Rind)
Rudolf Schmid (Mauersegler, Vogelhaus, Sperber)
Angelika Schneider (Molasse, Schwarzerlenlaub, Eichenlaub, Lindenlaub)
Wolf Schröder (Moräne, Fichten, Knäuelgras, Stockrose, Eiche, Linde, Thuja, Springkraut, Misteln, Schwarzerle, See)
Jari Peltomäki/Finnature (Prachttaucher)
AngMoKio (Straßentaube)